U0558714

谨以此书献给中华人民共和国七十五华诞！

求索的浪漫

"灿若星辰浙大人"之科学研究篇3

"灿若星辰浙大人"丛书编委会　编

ZHEJIANG UNIVERSITY PRESS
浙江大学出版社
·杭州·

图书在版编目（CIP）数据

　　求索的浪漫："灿若星辰浙大人"之科学研究篇. 3 /
"灿若星辰浙大人"丛书编委会编. -- 杭州 ： 浙江大学
出版社，2024.8. -- ISBN 978-7-308-25120-4

　　Ⅰ. Z228

　　中国国家版本馆 CIP 数据核字第 2024M9A324 号

求索的浪漫："灿若星辰浙大人"之科学研究篇3

"灿若星辰浙大人"丛书编委会 编

责任编辑	张一弛
责任校对	汪　潇
封面设计	周　灵
出版发行	浙江大学出版社
	（杭州市天目山路 148 号　邮政编码 310007）
	（网址：http://www.zjupress.com）
排　　版	浙江大千时代文化传媒有限公司
印　　刷	杭州钱江彩色印务有限公司
开　　本	710mm×1000mm　1/16
印　　张	12.5
字　　数	145 千
版 印 次	2024 年 8 月第 1 版　2024 年 8 月第 1 次印刷
书　　号	ISBN 978-7-308-25120-4
定　　价	58.00 元

版权所有 侵权必究　印装差错 负责调换

浙江大学出版社市场运营中心联系方式　（0571）88925591；http://zjdxcbs.tmall.com

"灿若星辰浙大人"丛书编委会

总主编：朱世强

主　编：傅方正

副主编：艾　静

成　员：柯溢能　吴雅兰　马宇丹

　　　　杨萝萝　卢绍庆　朱原之

　　　　陈珲夏　查　蒙

科技兴则民族兴，科技强则民族强。

当前，世界百年未有之大变局加速演进，新一轮科技革命、产业革命与教育革命继续向纵深发展，深刻重塑全球秩序和发展格局。中国式现代化要靠科技现代化作为支撑，实现高质量发展要靠科技创新培育新动能。高水平研究型大学在教育科技人才一体化发展中发挥重要引领作用，是国家战略科技力量、战略人才力量的重要组成部分，是我国基础研究的主力军和重大科技突破的策源地，理所应当承担起开物前民、走在前列的使命，肩负起实现中华民族伟大复兴、促进人类文明进步的时代重任。

浙江大学以"国之大者"的格局胸怀，坚持面向世界科技前沿、面向经济主战场、面向国家重大需求、面向人民生命健康，以天下为己任、以真理为依归。近年来，在高远使命的引领下，学校不断加强基础研究能力建设，加速实现"0 到 1"原始创新突破；聚力关键核心技术攻关，服务国家重大战略需求迎来新跨越；推动交叉会聚，开展前沿科技探索取得新成效；打造顶尖科技创新平台，建设国家战略科技力量汇聚新势能。引领性知识创新和科技攻关，为国家高水平科技自立自强和人类文明进步提供基础性、战略性支撑，浙大人始终全力以赴。

本书辑录了 2020 至 2022 年间浙江大学融媒体中心采编的科学研究新成果,在一个个成果中,可以感受到科学的进展日新又新,科学的精神历久弥坚。

站在中华人民共和国成立 75 周年新的起点上,面对日新月异的科技革命和产业革命,面向国家重大战略需求和区域经济社会发展,浙江大学坚持不懈以创新为引领,攻入"无人区"抢占"制高点",扎实推动科技创新和产业创新深度融合,助力新质生产力发展,汇聚起推动高水平科技自立自强的澎湃动能。

翻开这本书,一起追逐科学之光!

编　者

2024 年 7 月

第一篇　新潮

新　潮

隐密的转动：解密界面催化"黑匣子"

　　作为一种尊贵的象征，黄金在历史长河中一直以其化学惰性示人。但纳米尺寸的金颗粒与二氧化钛相结合后却"性情大变"，成了促进多种催化反应的高级"主攻手"。科学界普遍认为金与二氧化钛的界面是起到了关键作用的活性中心，但一直以来，研究人员未曾看到过真实催化过程中其活性界面原子级别的动态演变，因而无法进一步对其界面的活性进行精准调控。

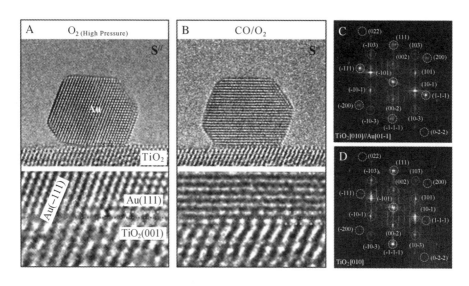

打开这个催化反应"黑匣子",看清楚催化过程如何发生是科学界长久以来的梦想。经过近五年的研究,浙江大学电子显微镜中心张泽院士团队的王勇教授联合中科院上海高等研究院高嶷研究员、丹麦科技大学瓦格纳(Wagner)教授和汉森(Hansen)博士等团队,在环境透射电子显微镜中,首次在原子尺度下一氧化碳催化氧化过程中观察到催化剂界面活性位点的可逆变化,并据此实现了界面活性位点的原子级别原位调控。这项成果对今后设计更好的环境催化剂、高效稳定地处理污染气体具有重要意义。

这项研究被国际顶级期刊《科学》(Science)刊发。论文的第一单位为浙江大学,浙江大学材料科学与工程学院袁文涛博士为第一作者,中国科学院上海高等研究院朱倍恩博士、浙江大学材料学院博士生方珂为共同第一作者;浙江大学材料科学与工程学院、浙江大学电子显微镜中心王勇教授为通讯作者,高嶷研究员、瓦格纳教授、汉森博士为共同通讯作者,浙大团队学术带头人张泽院士对此工作给予了重要指导和支持。此外,杨杭生教授、博士生李小艳和欧阳亦参与了该工作。

电镜底下现原形,打开催化"机关"

负载在二氧化钛表面的金颗粒是将一氧化碳转化为二氧化碳的重要催化剂,这也是工业催化研究中的常见组合。

浙大团队依托其擅长的原位环境电子显微学技术开展催化反应研究,在原子层面清楚地看到了整个催化过程。这个纳米催化剂长什么样呢?王勇介绍,金颗粒像一个磁体,牢固地贴在由二氧化钛制成的底座上。

科研人员首次发现两大现象:一是看到一氧化碳催化氧化时二氧

化钛表面的金颗粒发生面内（外延）转动（约 9.5°），首次通过可视化实验直观证实了界面即活性中心；二是从催化反应环境回到氧气环境时，金颗粒又神奇地转回到原来的位置。

这个过程就像武侠剧中，通过旋转机关打开密室之门一般，以合适角度转动金属颗粒后，可增加界面活性位点数量，从而提升催化效率。

看清"黑匣子"的难度在哪里？袁文涛介绍，样品制备的质量、观察角度的选择、电子束的干扰都会影响实验的顺利开展。正如论文审稿人所说："目前已有一系列工作报道纳米颗粒在不同气氛环境下发生可逆的结构变化，但在原子层面获取它们的结构演变细节仍是一个巨大的挑战。"

"要完成这个实验，需要制备原子级别平整的金-二氧化钛界面。"王勇说，这样才能实现金颗粒的可控转动。此外，找准观察角度非常重要，一方面是要能够看清晶格的排布，另一方面是便于更好地描述现象。"一开始我们从侧面去观察，（对非本专业的人来说）旋转不是很明显，审稿人不太相信，后来我们重新设计了实验，从顶上往下俯视，角度稍有一点变化，就能看得一清二楚。"审稿人肯定地说："所有这些都是利用原位电镜完成的，他们把侧视图和俯视图观察到的信息关联起来，这真了不起。"

还原事实真相，四两拨千斤

浙大科研团队这次看到的催化剂转动，一度被人们认为是不可能发生的现象，正如一个审稿人曾提到"整个颗粒的转动是难以置信的"。

这是因为金颗粒和二氧化钛结合在一起时形成了化学键，"焊接"非常牢固（有外延关系），即便是被高能量的电子束"轰击"也岿然不动。

张泽解释：维持一样东西的存在要保持能量的最低状态；在不同的环境中，物体所需最低能量是不同的。这就好比，在低海拔地区需要100℃才会沸腾的水，到了高海拔地区可能90℃就沸腾了。

如何打破化合键的"定力"，让它动起来，从而实现对界面的操控？

王勇说，用"蛮力"是行不通的，"这就需要用巧劲。氧气通入后喜欢吸附在金-二氧化钛界面处，可以把金颗粒'托起来'"。王勇说："我们和高嶷理论团队密切合作，结合一系列理论计算发现，实验中通入一氧化碳使其与氧气发生催化反应，本质上是消耗了部分界面氧，'桩托'就不稳定了，这样就四两拨千斤地把原来需要很大力气才能推动的金颗粒转动了；当我们停止通一氧化碳时，界面氧得到补充，金颗粒又转回原位了。"

"这是非常有意思的发现，催化剂颗粒在反应前和反应后都处于同一位置，但在反应的过程中转动了一定的角度，如果没有原子尺度的原位实验观察，是不可能发现这个现象的。"张泽院士说。

前沿与应用科研，"两条腿走路"

对科学家而言，发现一个现象，理解其中的规律后，更重要的是利用得到的规律改造现实世界。

在实验中，浙大研究者发现当实验温度达到500℃时，不同气氛环境下金颗粒可在两个角度间可逆转动而形成两种界面结构，如果在转化到催化性能好的那个结构时把温度降下来，比如说降到室温，就可以"锁定"这个界面结构，在低温催化反应时展现优异的催化效率。王勇说："这一发现为未来催化剂的设计提供了新思路，开拓了新的视野。而且，对于别的材料、别的反应的调控也可以从这个角度去思考。"

与此同时,金颗粒二氧化钛催化剂对于消除一氧化碳、防止中毒和保护环境具有积极作用,这将为研发更廉价高效、安全稳定的催化剂打开一扇新窗口。

张泽院士在接受采访时说:"科学研究要'两条腿走路',一条走到世界前沿,发现新现象,找到新规律;另一条应服务国民经济发展。期望我们的科学发现能助力高效稳定催化剂的研发,这样才能为国解忧,为民造福。"

（文：柯溢能　吴雅兰）

仿生软体智能机器鱼，成功"打卡"马里亚纳海沟

马里亚纳海沟是地球最深处，要涉足这无人之境，人造机器若没有耐压的"盔甲"，就会被强大水压破坏。然而，在深海中生活的生物却因有着奇特的构造而在这里安然无恙。若能受深海生物启发，把"生命之秘"化作"机器之力"，研发能自适应复杂环境的智能机器，则既可助力深海探索，又能发展新型机器人与智能装备。

浙江大学航空航天学院交叉力学中心李铁风教授团队联合之江实验室，与合作单位开展跨学科交叉研究，率先提出机电系统软-硬共融的压力适应原理，成功研制了无需耐压外壳的仿生软体智能机器人，首次实现了在万米深海自带能源软体人工肌肉驱控和软体机器人深海自主游动。这种环境自适应的仿生软体机器人和智能系统，将为深海探索科考、环境监测与资源勘探提供解决方案，为复杂环境与任务下机器人及智能系统设计提供新思路。

这项研究成果作为封面文章刊发在国际顶级期刊《自然》(Nature)上。之江实验室研究人员李国瑞，浙江大学博士研究生陈祥平、周方浩为论文共同第一作者，通讯作者为浙江大学李铁风教授。该研究获国家自然科学基金共融机器人重大研究计划、国家重点研发

计划支持。

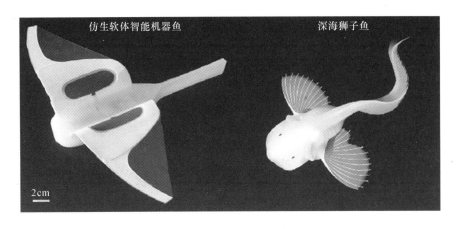

仿生软体智能机器鱼　　　　　　　　深海狮子鱼

2cm

由深海狮子鱼启发，适应 110 兆帕静水压

生物学研究发现，在马里亚纳海沟 6000 米到 11000 米的深度区域，仍有数百种物种生存，狮子鱼就是其中的一种。

万米海底的压力有多大？李铁风说在 10900 米的海底，静水压高约 110 兆帕，接近 1100 个大气压；打一个不太恰当的比方，相当于一吨重的小汽车全压在指尖上。过去，需要高强度的金属外壳（如钛合金）或压力补偿系统来保护，才能克服深海的极高静水压。

而李铁风团队研制的仿生软体机器鱼，由软体人工肌肉驱动一对翅膀状的柔性胸鳍，通过节律性扑翅实现游动。控制电路、电池等硬质器件则被融入集成在凝胶状的软体机身中；通过设计调节器件和软体的材料与结构，实现了机器人无需耐压外壳，就可以承受万米级别的深海静水压力。

这款仿生软体智能机器鱼，形似一条深海狮子鱼，长 22 厘米，翼展宽度 28 厘米，大约为一张 A4 纸的大小。科研团队如何实现其适应超强压力而保持结构功能完整呢？和传统的"硬扛"方法不同，团队采用了"以柔克刚"的策略。项目合作方中国科学院深海研究所何舜平团队在马里亚纳海沟捕获的深海狮子鱼样本，也为机器人的设计提供了仿生启发。

通过对深海狮子鱼的结构分析，团队发现深海狮子鱼的骨骼细碎状地分布在凝胶状柔软的身体中，有助于其在高压力环境下的生存与活动。这启发了团队对电子器件和软基体的结构、材料进行力学设计，可以优化在高压环境下机器人体内的应力状态，从而使整个系统无需外壳保护即可适应高静水压力。"我们的研究目标就是以全新技术路线实现深潜器的小型化、柔性化、智能化，大幅降低深海探测的难度和成本。"李铁风说。

突破极限，"软肌肉-智驱动"

如何让软体机器人智能驱动，这是李铁风团队长期攻关的重要方向。

机器鱼通过放大状的鱼鳍像翅膀那样扇动向前推进，而要在深海中驱动，还需克服高分子材料在高压和低温时电驱动能力衰减的问题。团队和浙江大学化学工程与生物工程学院罗英武教授课题组合作研制了能适应深海低温、高压等极端环境的电驱动人工肌肉，在高压低温环境下依然能保持良好的电驱动性能，即便是在马里亚纳海沟的低温（0℃～4℃）、高压（110 MPa）环境下依旧能正常工作。这款电驱动人工肌肉也是团队研究工作的另一个重要突破。

那么"翅膀"的扑动是怎么实现的呢？科研人员巧妙地利用了围绕在人工肌肉外的海水作为离子导电负极，由机器鱼自带能源在人工肌肉内外侧的不同厚度上产生电势差，让高分子薄膜发生舒张与收缩形变，这样一来，"翅膀"就能上下拍动，推动机器鱼在水中前行。

"力学是一门古老而传统的学科,这个成果体现了交叉力学研究在多学科合作中的融合与桥梁作用,非常感谢不同学科背景和技术特长的成员们的通力协作。"据了解,除了浙江大学航空航天学院及之江实验室的科研力量外,浙江大学机械学院、能源学院、化工学院、海洋学院和中国科学院深海研究所等多个研究团队都参与了本项目研究。

探索无止境,鱼翔万米深渊

在研制过程中,团队通过大量的压力环境模拟试验来验证材料和结构的可行性,已经在试验环境下证明了机器人在深海、极地、高冲击性等恶劣及特种环境下,具有较好的发展应用前景。然而团队还是想以实地的海洋试验来验证整个系统和技术的高可靠性。

2019 年 12 月,仿生软体机器鱼首次成功在马里亚纳海沟坐底,机器鱼随深海着陆器下潜到约 10900 米的海底后,在 2500 毫安时单节锂电池的驱动下,按照预定指令拍动翅膀,扑翼运动长达 45 分钟,成功实现了电驱动软体机器鱼的深海驱动。

科学探索永无止境。2020 年团队克服了新冠疫情和极端恶劣天气影响,进行了多次海试。在一次深海游动试验中,团队为避开超强台风,在南海上漂了多天,参加此次海试的李国瑞和陈祥平说,夜里海况条件突然转好,他们就利用凌晨的时间窗口开始了紧张试验。"凌晨三点钟,我们在主控室里,一分一秒地等待机器鱼在海底启动。当我们看到成功完成预定游动时,悬着的心终于放了下来,数年的艰难探索取得了里程碑式进展。"李国瑞说,海试让技术从实验室更快地走向实用。

论文审稿人认为,该工作会在很大程度上推进深海机器人的研究进展。李铁风介绍,这项研究为深海探测作业、环境的观察和深海生物的科考提供了新的解决方案,有望大幅提升深海智能装备和机器人的应用能力,让柔性智能设备从常规环境向深海作业等多样任务与复杂场景迈出了坚实的一步。

（文：吴雅兰 柯溢能）

以电致化学发光成像构建反应位点的"星座"

　　化学创造着千变万化的物质世界，在其中，每一个单分子都起到基础性的作用。传统化学和生物学研究大量分子参与的反应和变化。著名物理学家埃尔温·薛定谔（Erwin Schrödinger）曾评论过："我们从来没有用一个单电子、单原子或单分子做过实验。我们假设我们可以在思想实验中实现，但是这会导致非常可笑的后果。"观察、操纵和测量最为微观的单分子化学反应是科学家长久以来面临的一个科学挑战。

　　针对这一挑战，浙江大学化学系冯建东研究员致力于发展跨学科的单分子测量方法和仪器，实现多维度的溶液体系单分子物理和化学过程观测、新现象研究和应用建立。近期，其团队发明了一种直接可以对溶液中单分子化学反应进行成像的显微镜技术，并实现了超高时空分辨成像。该技术使看到更清晰的微观结构和细胞图像成为可能，在化学成像和生物成像领域具有重要的应用价值。

　　这项研究成果作为封面论文刊登在国际顶级期刊《自然》上。论文第一作者是浙江大学化学系博士生董金润和博士后卢禹先，论文通讯作者是浙江大学化学系冯建东研究员。

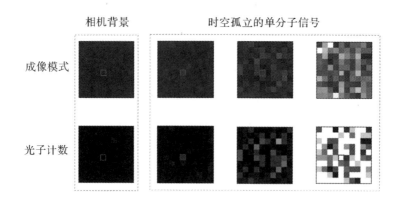

相机背景 　　　　　　　　时空孤立的单分子信号

成像模式

光子计数

浙大团队的研究对象是电致化学发光反应。电致化学发光是利用电极表面发生的一系列化学反应实现发光的一种形式。相比于传统的荧光成像技术,由于不需要光激发,电致化学发光是目前对于灵敏度有着很高要求的体外免疫诊断领域的重要手段,其在成像分析等方向上也具有很高价值。目前,电致化学发光存在两个重要的科学问题,其一是微弱乃至单分子水平电致化学发光信号的测量和成像,这对于单分子检测非常重要;其二是在电致化学发光成像领域实现突破光学衍射极限的超高时空分辨率成像,即超分辨电致化学发光成像,这一点对化学和生物成像具有重要意义。

几年来,冯建东团队致力于对这两大难题的研究,通过联用自制的具有皮安水平电流检出能力的电化学测量系统以及宽场超分辨率光学显微镜,搭建了一套高效的电致化学发光控制、测量和成像系统,首次实现了单分子电致化学发光信号的宽场空间成像,并在此基础上成功突破了光学衍射极限,第一次实现了电致化学发光的超分辨成像。这项单分子电致化学发光显微镜技术不需要光激发即可实现单分子超分辨成像,有望对化学测量和生物成像领域产生积极影响。

在时空隔离中达到单分子反应测量极限

教科书上的化学反应都是以单分子形式进行概念描述，但传统实验中得到的却是大量分子的平均结果。单分子实验是从本质出发解决许多基础科学问题的重要途径之一，是研究方法的质变，也是化学测量学面临的一个极限挑战。

在电致化学发光过程中，为什么难以开展对单分子信号的捕捉呢？这主要是因为单分子反应控制难、追踪难、检测难。冯建东介绍："单分子化学反应伴随的光、电、磁信号变化非常微弱，而且化学反应过程和位置具有随机性，很难控制和追踪。"

为此，浙江大学科研人员搭建了灵敏的探测系统，将电压施加、电流测量、光学成像同步起来，通过时空孤立"捕捉"到了单分子反应后产生的发光信号。"具体从空间上通过不断稀释，控制溶液中的分子浓度，实现单分子空间隔离；从时间上通过快速照片采集，最高在1秒内拍摄1300张，消除邻近分子间的相互干扰。"博士生董金润介绍道。

利用这套光电控制和测量平台，浙江大学科研团队首次实现了单分子电致化学发光反应的直接宽场成像。"由于不需要光源激发，这一成像的特点在于背景几近于无，这种原位成像将为化学和生物成像领域提供新的视野。"

在单分子空间定位中突破光学极限

显微镜是物质科学和生命科学研究的重要工具，传统光学显微镜在数百纳米以上的尺度工作，而高分辨电镜和扫描探针显微镜则可以揭示原子尺度。"在这个标尺中，能够用于原位、动态和溶液体系观测几个纳米到上百纳米这一尺度范围的技术仍然非常有限。"冯建东提到，主要原因在于光学成像分辨率不足，受到光的衍射极限限制。为此，冯建东团队着手从时空孤立的单分子信号实现电致化学发光的超分辨成像。

受到荧光超分辨显微镜（相关技术的重要贡献者获 2014 年诺贝尔化学奖）的启发，浙江大学研究者利用通过空间分子反应定位的光学重构方法进行成像。这就好比当人们夜晚抬头看星星时，可以通过星星的"闪烁"将离得很近的两颗星星区分开。"通过空间上的发光位置定位，把每一帧孤立分子反应位置信息叠加起来，构建出化学反应位点的'星座'。"

冯建东说，为了验证这一成像方法的可行性以及定位算法的准确性，团队通过微纳加工的方法在电极表面制造了一个条纹图案作为已知成像模板，对之进行对比成像。单分子电致化学发光成像后的结果与该结构的电镜成像结果在结构上高度吻合，证明了成像方法的可行性。单分子电致化学发光成像将传统上数百纳米的电致化学发光显微成像空间分辨率提升到了前所未有的 24 纳米。

研究团队进而将该技术应用于生物细胞显微成像，不需要标记细胞结构意味着电致化学发光成像对细胞可能是潜在友好的，因为传统使用的标记可能会影响细胞状态。团队进一步以细胞的基质黏附为对象，对其进行单分子电致化学发光成像，观察其随时间的动态变化。成像结果与荧光超分辨成像可以进行关联成像对比，定量上表现出可以同荧光超分辨显微镜相媲美的空间分辨率，同时该技术避免了激光和细胞标记的使用。

未来，这项显微技术将作为一项研究工具，为化学反应位点可视化、单分子测量、化学和生物成像等领域提供新的可能，具备广泛的应用前景。在同一期上,《自然》期刊专门邀请了相关领域专家对这一突破性技术的前景进行了亮点评述和报道。

（文：柯溢能）

氧化石墨烯不仅可以"变变变"，还自带"返回键"

如果你觉得两枚金戒指样式老气，可以到金店高温熔化重新打一对，可是当戒指熔化成金水后，你又后悔了怎么办？还能要回之前的两枚金戒指吗？

答案是显而易见的，即使重新打制的金戒指从外观上看和之前的一模一样，但内在组成部分已经打乱重新随机分配过了，只能唱上一句："早知如此，何必开始，我不是原来的我。"

就普通材料来说，两个物体一旦融合就难以复原，即便分开也不再是原来的两个物体了。然而，经过四年的研究，浙江大学高分子科学与工程学系高超教授课题组发现，氧化石墨烯片具有适应性形变的能力，氧化石墨烯纤维在宏观尺度上能够在融合之后实现精确可逆的分裂，好比是自带了一个"返回键"。这项成果将对未来精确可逆的组装产生积极影响。

这项成果被国际顶级期刊《科学》刊登。论文第一作者为浙江大学高分子系博士生畅丹，论文共同通讯作者为浙江大学高超教授、李拯博士，西安交通大学刘益伦教授。

精确可逆，就像孙悟空变化自如

《西游记》里的孙悟空神通广大，他的一个让人羡慕的本领就是"七十二变"。书里记载："妖王道：'凭他变甚小的，我这里每一层门上，有四五个小妖把守，他怎生得入！'行者道：'你是不知，他会变苍蝇、蚊子、虼蚤，或是蜜蜂、蝴蝶并蟭蟟虫等项，又会变我模样，你却那里认得？'"好几次面对妖怪的时候，孙悟空变成老虎、大树、大山等，最后又重新变回原本的模样。

当然，这是神话故事里才有的情节。现实生活中，每一个固体单元都有自己的特定形状和尺寸，多个固体融合在一起组装成一个整体不难，但是结合越紧密，往往分离就越难，因此无法通过分离再另外组装成别的形式的整体。

早前，科学家从细胞的融合与分裂中获得灵感，仿生设计了功能性的组装体，比如聚合物囊泡在光或热的刺激下，能够实现融合或实现融合与分裂，有希望应用在药物的递送与释放等领域，但是在融合与分裂的"可逆"这一环节则遇到了阻碍。

"所谓精确可逆，就是物体的数量、尺寸、组分、结构和性能等在一次融合—分裂循环之后可以恢复到原始状态。但之前的研究因为在材料界面发生了不可逆的物理或化学变化，所以还没能做到精确可逆。"高超说。

而高超课题组发现，氧化石墨烯纤维挑战了人们的一般认知，能够在厘米级的宏观尺度下，变形组装并且解组装复原。他们将13500根氧化石墨烯纤维做成的一根刚性柱子变成了一张节点融合的柔性网，把实验过程颠倒过来后，网又重新变回了柱子。

在这个过程当中，组成柱子和网的氧化石墨烯纤维并没有发生变化。"通过特定的处理方式，氧化石墨烯纤维融合得到的固体材料可以像孙悟空那样，'七十二变'后再变回原本的样子。也就是说，我们这项研究实现了氧化石墨烯宏观固体材料精确可逆的组装。"

可逆奥秘，适应性形变好比"返回键"

为什么氧化石墨烯能做到精确可逆？这与材料本身的特性有关。高超课题组一直致力于石墨烯宏观组装的研究。早在 2016 年，课题组就发现，二维的氧化石墨烯片具有适应性形变的特点，可以完成融合。之前他们就利用氧化石墨烯纤维的溶胀融合成了无纺布。

那么，氧化石墨烯纤维融合后还能再分裂吗？

课题组继续研究。他们发现，氧化石墨烯自身带有特殊的性质，即二维拓扑、丰富的含氧官能团、超柔性、自黏结，多根氧化石墨烯纤维融合后的粗纤维密度大、孔隙率低、界面结合适中。"这就使得材料的亲和力刚刚好，能够很容易地融合到一起，但结合力又不像钢那样强，所以还能分得开。"高超说。

实验中，课题组先把 13500 根氧化石墨烯纤维融合成一根直径 1.2 毫米的细长黑柱子，这根黑柱子可以承受 680 倍于自身重力的力，然后课题组把黑柱子放到水溶剂中解离再分裂，这时黑柱子就变成 13500 根纤维。畅丹说："在这个过程中，氧化石墨烯的体积膨胀率达到了近 40 倍，提供了充分的表面形变的空间。"

在溶剂中纤维变软了，就可以拿出来编织成节点融合的网，而且这张网仍然保持了一定的强度，在上面放辆玩具车完全没有问题。也就是说，这些纤维再融合之后依然能作为功能材料使用。

在复原环节，课题组把这张网再放回水溶剂中，网重新分解成 13500 根纤维，捞出来之后，它们会自动融合在一起，最终又变回之前的柱子形状。

那么怎么证明这 13500 根纤维还是原先的那 13500 根纤维呢？课题组通过荧光染料及硅纳米颗粒彩色标记的方式证明了每一根纤维的内在结构，确实是"我是我""他是他"，纤维里面的成分没有在多次融合—分裂后互相"串门"。

穿上"马甲"，这些材料也能"七十二变"

神奇的还不止这些。氧化石墨烯纤维的这种特殊属性还能应用到别的材料上。

课题组在研究中发现，如果在尼龙、蚕丝、不锈钢丝、玻璃纤维等有机高分子、天然高分子、金属、无机非金属纤维的表面涂上一层氧化石墨烯，原有的这些普通材料也能具有"组装—精确还原"的功能。

论文评审专家认为："该工作代表着可回收及智能纤维材料领域的一个突破。结果具有科学价值，可能引起多个研究领域的兴趣。"

高超表示，相比于已有的研究，课题组此次完成的氧化石墨烯纤维精确可逆的融合—分裂过程是可控的，而且材料尺寸大，对于固体在可逆组装过程中界面的独特现象研究、材料的有效回收和重复利用等方面具有启发意义。

（文：吴雅兰 柯溢能）

用冰做光纤，弹性弯折不是梦

炎炎夏日，当你在享受一杯冰镇饮料的清爽冰凉时，也许会有这样的念头：杯子里的冰块能否像QQ糖一样有弹性呢？在人们的常识中，冰是一种透明易碎的脆性物质，没有弹性，无法弯折。

浙江大学光电学院童利民教授团队把"不可能变成可能"，他们联合来自交叉力学中心和加利福尼亚大学伯克利分校的合作者，发现生长成单晶微纳光纤的冰，在性能上与玻璃光纤相似，既能够灵活弯曲，又可以低损耗传输光。

相关研究结果在《科学》杂志上发表。论文的共同第一作者为浙江大学光电学院博士生许培臻和崔博文,共同通讯作者为浙江大学光电学院郭欣副教授和童利民教授,合作者包括浙江大学交叉力学中心卜叶强博士、王宏涛教授,浙江大学光电学院王攀研究员和加利福尼亚大学伯克利分校沈元壤教授。

用冰来制备光纤

冰是地球及很多地外天体(地外行星、卫星、彗星等)表面最普遍、最丰富和最重要的物质之一,在物理化学、生命科学、大气环境、地球物理学、天文学等很多领域中发挥着不可替代的作用。从古至今,人类对冰的好奇从未停歇,特别是在过去几个世纪里,通过基于近代科学技术发展起来的光学、电学和力学等实验手段,人们对冰进行了广泛深入的研究,从冰的高压相、二维结构等新形态,到电子束光刻等应用探索,对冰的认识和应用能力得到了很大的提升。

然而,虽然冰是最常见的物质之一,但我们对冰的认知仍然存在很大的未知空间。比如,我们通常认为,冰是一种易碎的脆性物质,所以雪崩、冰川滑移和海冰碎裂等自然现象很容易发生。已有的实验数据也支持上述认识,目前实验测到的冰的最大弹性应变为0.3%左右,大于这个值,冰就会碎裂。虽然理论计算曾预测,在理想情况下,冰的弹性应变极限有可能大于10%,但是真实冰晶中由于存在结构缺陷,能够达到的应变值远低于理论极限。

而光纤作为一种将光约束和自由传输的功能结构,是目前光场操控最有效的工具之一。将标准光纤直径减小到波长甚至亚波长量级,成为微纳光纤,提升或引入光场在空间约束、近场相互作用、表面增强、波导色散及光动量效应等方面的调控能力,在近场耦合、光学传感和量子光学等方面具有独特优势,是目前光纤领域的前沿研究方向。微纳光纤的光场调控能力很大程度上取决于光纤材料的结构形态及其光场响应特性。常规的玻璃光纤,主要成分为氧化硅(石英砂),是地壳中含量最丰富的材料之一,在光传输中具有宽带低损耗等优异特性,被"光纤之父"高锟先生称为"古沙传捷音"。

实际上,在地球及很多地外星球表面,比"古沙"更普遍的物质是冰或液态水,童利民团队提出:能否用冰来制备光纤?在长达四年的研究中,他们给出了肯定的答案。

首次实现冰的弹性弯曲

"这是一个令人好奇的、有趣的问题,大约八年前,我和郭欣就讨论过这个想法,但由于所涉及的实验条件和技术要求很高,一时难以开展。"童利民说,2017 年,在讨论二年级博士生许培臻的研究方向时他再次提到了这个想法;当时正在准备本科毕业设计的崔博文也加入了这个项目。他们专注的研究态度和出色的实验动手能力,为实现这个想法提供了可能性。另外,当时学校刚成立了冷冻电镜中心,为低温下的结构表征提供了研究条件。

在这项研究中,结构制备是关键的第一步。研究团队自行搭建了生长装置,在大量实验基础上,改进了已有的电场诱导冰晶制备方法,成功生长了直径从 800 纳米到 10 微米的高质量冰单晶微纳光纤。在冷冻电镜下,验证了这些冰单晶微纳光纤具有很好的直径均匀性和表面光滑度。

"作为光纤,必须能够自由弯曲,才会更有用。"童利民说。为了探索冰微纳光纤的力学性能,研究团队发明了一套低温微纳操控和转移技术,实现了液氮环境下对微纳结构的灵活、精确操控。在零下 150℃

的冰微纳光纤中，获得了 10.9％的弹性应变，接近冰的理论弹性极限（远高于此前报道的最高 0.3％的应变实验值），实现了冰微纳光纤的灵活弯曲。

未来应用潜力广泛

冰的分子结构随压强改变而发生相变，一直是研究者们感兴趣的问题。但是，由于产生相变所需的压强通常在数千个大气压以上，需要使用特殊设计的金刚石压砧等设备来获得，实现条件不易。

研究团队发现，通过大应变弯曲冰微纳光纤，有可能为相变所需的高压提供一种简单的解决方案。"拉曼光谱是检测相变最灵敏的方法之一，我们现代光学仪器国家重点实验室在光谱测量技术方面有很好的基础。"郭欣说。为此，研究团队研制了一套结合低温微纳操控的原位显微拉曼光谱测量系统，通过弹性弯曲冰微纳光纤并原位实时测量最大应变区域的拉曼光谱，发现应变超过 3％时，就可以出现冰从Ih相（常压相）转变为 II 相（高压相之一）的特征拉曼峰。同时，通过弹性弯曲还可以为冰施加超过一万个大气压的负压，这是目前其他实验方法难以做到的。因此，上述弹性弯曲技术为冰的相变动力学研究提供了一种新的实验方法。

更进一步，材料对光场的响应特性取决于其组成元素、分子结构及其排列方式。研究团队预测，由 H_2O 分子规则排列而成的冰单晶微纳光纤，在光的操控方面具有潜在优势。为了测试其光学特性，团队利用其此前发明的近场耦合输入技术，在可见光波段实现了冰微纳光纤的宽带光传输，传输损耗低达 0.2dB/cm，与目前高质量平面波导相当，这种光操控能力为微纳光纤用于低温光学导波与传感提供了新的技术可能。由于理想冰单晶在可见光波段具有极低的吸收和散射特性,进一步优化制备和测试条件,将有可能在冰微纳光纤上实现超低损耗光传输。

论文评审专家认为这项研究是"对冰物理认识的重大进步",所展现的力学和光学特性"无疑是有趣的、独特的,具有潜在的实际应用价值"。

童利民认为,对于冰这样一种自然界中最普遍但又最神奇的物质,相信该项研究结果将拓展人们对冰的认知边界,激发人们开展冰基光纤在光传输、光传感、冰物理学等方面的研究,以及发展适用于特殊环境的微纳尺度冰基技术。

(文:柯溢能)

一把飞秒激光"刀"，刻出新世界

　　激光被称为"最快的刀""最准的尺""最亮的光"。自 20 世纪 60 年代初人类发明第一台激光器以来，激光已被广泛应用于我们生活的方方面面。激光被公认为 20 世纪人类最伟大的四大发明之一。激光分连续激光和脉冲激光。20 世纪 80 年代，科学家发明了一种奇特的激光——飞秒激光，一种人类在实验室可以实现的超短脉冲激光。它具有超快、超强和超宽频谱的特点，近年发展非常迅速。飞秒激光相关的技术和前沿应用成果已获得了多项诺贝尔奖，现在很多眼科近视矫正手术都用到了飞秒激光。

　　不过，飞秒激光与物质相互作用的机理错综复杂，仍然存在很多疑问，连科研人员都捉摸不透它的"脾气"。浙江大学光电科学与工程学院邱建荣教授团队发现了飞秒激光诱导的空间选择性微纳分相和离子交换规律，开拓了飞秒激光三维极端制造新技术，首次在无色透明的玻璃材料内部实现了带隙可控的三维半导体纳米晶结构。这为新一代显示和存储技术提供了新的方向。

　　国际顶级学术期刊《科学》刊登了这项成果。论文共同第一作者为浙江大学光电科学与工程学院博士生孙轲、之江实验室研究员谭德

志、上海理工大学研究员方心远。通讯作者为谭德志博士和浙江大学光电科学与工程学院邱建荣教授。

在论文工作的机理解释、全息显示以及 Micro-LED 演示等方面，该团队与丹麦奥尔堡大学岳远征院士、上海理工大学顾敏院士团队、南方科技大学刘召军教授团队以及浙江大学农生环测试中心进行了卓有成效的合作。

激光界的"小李飞刀"

飞秒是度量时间长短的一种计量单位，也称为毫微微秒，1飞秒为1秒的一千万亿分之一。飞秒激光，顾名思义就是在飞秒的时间段内发出的脉冲激光，也就意味着能量在飞秒间瞬间释放。有一个成语叫"蓄势待发",正好可以用来形容能量在飞秒内的集中爆发。

飞秒激光有何惊人之处？一是瞬时峰值功率非常高,甚至比全世界发电总功率还要多出百倍,二是能聚焦到比头发的直径还要小的空间区域内,使电磁场的强度比原子核对其周围电子的作用力还要高。高峰值功率,能聚焦,由此带来飞秒激光一个非常显著的特质,光强甚至能达到 $10^{22}\,\mathrm{W/cm^2}$ 量级。这样的强度远远超过了原子内部相互作用的库仑场,所以,飞秒激光脉冲能轻易使电子脱离原子的束缚,形成等离子体。

正是因为具有超快、超强的特点,飞秒激光被广泛应用于信息、环境、能源、医疗等各个领域。"为什么飞秒激光能用来做手术？因为眼部神经血管很丰富,手术需要'稳、准、狠',而这把'激光刀'干净利索,只对聚焦点区域产生作用,不影响周围环境。"邱建荣说。

"稳、准、狠"的飞秒激光,是不是跟古龙笔下例无虚发的"小李飞刀"有几分相似呢？

揭开"飞刀"的秘密

当将飞秒激光聚焦到透明材料内部时,会产生一系列基于多种高度非线性效应的物理化学动力学过程。尽管飞秒激光有这么多用处,但是科研人员对其机理依旧知之甚少。

邱建荣团队长期从事飞秒激光与材料相互作用研究,并取得了一系列高度原创的重要突破,处于国际领先地位。比如他们发现了飞秒激光诱导折射率变化、偏振依赖纳米光栅、沿激光传播方向周期性纳米孔洞等新现象和新机制,开拓了空间选择性操控离子价态、直写三维光波导、析出和擦除功能纳米晶体等新技术,部分成果已经在集成光路、光通信等领域得到应用。

取得这次成果的第一步是制备均匀透明玻璃。"如果玻璃里面有一点气泡、结石或者条纹，就会影响折射率分布，最终导致基于多光子效应的光与玻璃相互作用效果的剧烈变化。"研究团队利用长期研究积累的丰富经验，在大量试验的基础上，成功烧制出了均匀的适合激光加工的前驱体玻璃。

接下来的一步就是把飞秒激光聚焦照射到玻璃内部。但是在刚开始的试验中，团队并没有找到规律。邱建荣团队开展了他们一贯提倡的"地毯式轰炸"试验模式，反复调整，反复试验。在经过精心设计和一系列优化后，团队最终获得了理想的超快激光精雕工艺，成功在玻璃内部实现了组分可调的钙钛矿纳米晶，在"一瞬间"的时间尺度内就能随心所欲实现结构和性能操控。

接下来是如何进一步让激光在瞬间刻出由众多像素点构成的三维图案？如何利用透射扫描电镜观察比头发丝还要细得多的刻痕？团队在踏踏实实的研究中攻克了一道道难关。

或将成为新一代的存储和显示材料

2019年团队第一次能够调控一种发光颜色，经过进一步系统研究，如今团队已经能调控多种发光颜色了。

"我一直认为科学研究没有什么捷径可走，我们需要老老实实一步一个脚印地开展实证。"邱建荣说。

团队以含 Cl^--Br^--I^- 的卤氧化物复合玻璃为例，实现了在玻璃中具有可调谐成分和带隙的钙钛矿纳米晶 3D 直接光刻，形成的纳米晶在紫外线照射、有机溶液浸泡和 250℃ 高温环境中表现出显著的稳定性，展示了这种 3D 结构纳米材料在光存储、Micro-LED 和全息显示方面的应用。

为了进一步展示该技术的特点,研究团队在微米级精度内实现了应用于多维信息编码和防伪的钙钛矿纳米晶彩色图案化,以及在一块 Cl^--Br^--I^- 共掺杂玻璃内部的全彩色发光图案和 3D 微螺旋直写以及三维全息显示。由于超快激光诱导的液相纳米分离只发生在玻璃内部的局部位置,三维激光直写技术排除了材料合成和器件加工过程中有机组分(试剂和溶剂)的污染。此外,稳定性实验表明该类器件可以在各种环境中长期使用。

此项研究的一个应用方向就是三维、四维甚至更多维度的光储存。"现有的存储设备多为磁存储,有一些缺点,一是使用寿命只有三至五年,二是耗能比较大,散热要求高。"谭德志表示,光存储不仅功耗小,而且容量有望达到单光盘 1PB,将是一个大有可为的未来发展方向,预期存储寿命将达到几百万年之久。

（文:柯溢能 吴雅兰）

"破镜"真的能"重圆"：无机块体材料制备新途径

"破镜重圆"是家喻户晓的一个成语故事，讲的是南朝陈将灭亡时，驸马徐德言把一个铜镜破开，与妻子乐昌公主各持一半，作为信物，后来果然由半边镜子作为线索而得以夫妻团聚。

故事的结局固然完美，可是，破镜真的能严丝合缝地"重圆"吗？也许从宏观上看，两块半边镜子是合二为一了，但其实内部还是有很多裂纹和空隙，重圆的镜子也很容易再破掉。

浙江大学化学系唐睿康教授与刘昭明研究员合作最新研究发现，可以通过调控无定形碳酸钙颗粒内部的结构水含量和外部压力来实现无定形碳酸钙颗粒的融合，这种利用材料自身结构特性促进传质的策略克服了传统烧结的不足，为制备无机块体材料提供了新的方法，尤其是提供了重要的制备策略。按照这个方法，破镜就真能表里如一地"重圆"了。

这项成果被国际顶级期刊《科学》刊登。论文第一作者是浙江大学化学系博士生慕昭和孔康任，通讯作者是浙江大学化学系刘昭明研究员和唐睿康教授。研究工作获得华东师范大学姜凯副研究员、北京高压科学研究中心董洪亮博士和浙江大学求是高等研究院徐旭荣教授的支持。

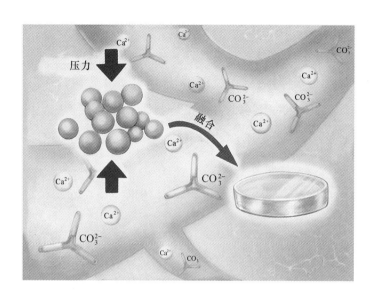

"硬骨头"无机物如何从粉末变成块状?

碳酸钙是地球上常见的物质之一,广泛存在于霰石、方解石、白垩、石灰岩、大理石等岩石内,它还是动物骨骼或外壳的主要成分。与此同时,作为一种无机化合物,它也是工业上的常用材料。

如果用现有的人工方法来制造碳酸钙,往往只能得到微米大小的白色粉末。但在实际的生产生活中,我们需要的一般都是"大块头"材料。如何把粉末状材料"变成"块体材料,是提升无机材料性能的一道坎。

"弹性大、可塑性强的有机材料相对容易形变,像碳酸钙这样的无机化合物又硬又脆,要做成块体材料难度就大多了。"唐睿康介绍说。因此在很多无机物的修补中,例如文物保护、牙齿修复领域,普遍用的还是有机物修补材料。可是,毕竟不是"同根生"的,即使补上去的有机材料从外表上看和原有的无机化合物一模一样,但由于内在相融性不好,还是会出现开裂、易损等问题,从性能上来说,无机材料比有机材料更接近理想状态。

如何做到"形似又神似"？根本的途径还是要用无机材料来修补无机物。这里要解决的一个关键问题就是无机块体材料的制备。

以往，无机块体材料通常是由无机颗粒通过烧结制备得到的，比如陶瓷就是在 1000℃ 左右的高温下烧制而来的。然而表面上看是"手拉手"粘连在一起了，但其实并没有完全融合，颗粒之间仍然有空隙，内在结构仍然是"你是你，我是我"，最终影响了材料的机械性能。而且，很多对温度敏感的矿物和生物材料还不能用高温烧结的方法来制备。

突破口在哪里？科学家试图从大自然中寻找答案。既然越来越多的研究发现生物体可以通过无定形前驱体颗粒融合生产具有连续结构的矿物骨骼，那么是否可以通过这种方式来仿生地解决传统方法中粉末变块体的难题，实现温和环境下无机块体材料的制备呢？

几块石头融合成一块石头

此前唐睿康团队的一项成果——"无机离子聚合"，可以实现实验室里厘米尺寸的碳酸钙晶体材料的快速制备，并且这些碳酸钙的制备有很强的可塑性，可以像做塑料一样按照模具形状"长"成各式模样，这项研究于 2019 年 10 月发表在国际顶级期刊《自然》上。

"2019 年的这项研究是从零开始合成碳酸钙晶体大块材料，我们这次工作要研究的是如何把已有的碳酸钙粉末材料变成大块材料，好比是把几块石头融合成一块大石头。两项工作可以说是殊途同归。"唐睿康说。

正是在前一次工作的研究过程中，慕昭发现了一个有趣的现象，无定形碳酸钙颗粒在压制过程中，颗粒边界渐渐消失，最后完全融为一体了。

当时慕昭还没想明白现象背后的原因,但唐睿康鼓励慕昭继续深挖下去,多问几个"为什么"。

原来,在无定形碳酸钙颗粒结晶过程中,水分子一直扮演着重要的角色。虽然之前科学家注意到了这一现象,但对结构水的功能、流动性和结构稳定性之间的关系还缺乏深入研究。

慕昭和孔康任进一步研究发现,如果水分子能保持在一个合适的量,就能在碳酸钙内部形成动态水通道,从而促进内部物质传输,最终实现无定形颗粒的融合。"水含量不足不能形成水通道,而太多的水将会形成一种新的水团簇,导致无定形碳酸钙颗粒结晶。"

而水的调控可以通过普通加热的方式实现,当一个碳酸钙分子对应 $0.2 \sim 1.1$ 个水分子的时候,再施加 $0.6 \sim 3.0$ GPa 的压力,就能实现无定形碳酸钙颗粒在压力下的融合。团队由此成功构建了具有连续结构的碳酸钙块体材料。

为了验证结果,团队把金纳米颗粒标记在碳酸钙颗粒表面,挤压后通过高分辨透射电镜观察,发现碳酸钙颗粒间没有界面或间隙,确实是表里如一地完全融合了。"石头是刚性的,水是柔性的,当石头内部含有合适量的结构水,在压力下这种石头就像橡皮泥,挤压时发生融合现象,实现'你中有我,我中有你'。"刘昭明说。

材料合成的新大道

由于新的制备方式做出来的碳酸钙块状材料具有连续结构,它的透光性和机械性能都非常好,硬度为 2.739 GPa,弹性模量为 49.672 GPa,这些性能优于大多数的水泥基块体材料,甚至与方解石单晶的性能相近。而且这种制备方式不需要高温,所以制备起来也比较快速方便。"如果未来能把所需压力降下来,就更加贴近实际应用了。"孔康任说。

唐睿康说:这项工作帮助我们更好地认识并模仿生物矿化过程。例如深海中顶级掠食者之一——龙鱼透明牙齿的成因,深海高压环境和无定形矿物都暗示着这种具有连续结构牙齿的形成条件。

同时,研究中动态水通道的发现提出了一种新的可能的物质存在方式:类液体。在我们的一般认识中,固体就是固体,液体就是液体,两者界限分明,但是未来,固体和液体之间可能还有一个中间态。

"我们进一步实验发现,融合现象适用于多种无机离子化合物。且除了水分子以外,其他离子也可以作为添加剂加进去,添加剂会影响碳酸钙的流动性和融合性。这就充分展示了提高固态材料流动性的潜在方法,为固体材料的融合提出了新的认知,有望使固态无机材料在常温下也可以具有类似液态的性质。"这项研究展示了无定形相在材料加工中的优势,赋予人工块体材料新的制备模式,有望应用在生物、医学、材料等领域。

论文评审专家认为:"这项新颖且富创新性的研究对设计新型陶瓷及陶瓷/有机复合材料具有潜在的引领意义,对提升材料力学性能有重要价值,尤其是针对热敏感材料。"

唐睿康说,这项研究的成功得益于团队在生物矿化领域的长期耕耘和无机离子聚合方向上的新认知,特别是面对前沿问题,大家能集思广益想办法,"基础研究的创新是从零开始'生长',而不是在别的根上开花结果,所以特别需要自由探索的土壤和氛围"。

(文:吴雅兰)

百年经典催化反应新突破，让煤炭发挥更大作用

费托合成（Fischer-Tropsch synthesis），又称 F-T 合成，是以合成气（一氧化碳和氢气的混合气体，主要来源于煤炭、生物质的气化）为原料，通常在铁基或钴基催化剂和适当条件下合成碳氢化合物的工艺过程。该技术在 19 世纪 20 年代由德国化学家弗朗兹·费舍尔（Franz Fischer）和汉斯·特罗普什（Hans Tropsch）开发。由费托合成过程获得烯烃产品（Fischer-Tropsch synthesis to olefins，FTO）也是煤制烯烃的重要手段，但是当前反应过程依然存在反应温度高、效率不足等问题。发展低温、高效的催化剂对于煤炭的清洁利用以获得大宗化学品具有重要意义。

浙江大学化学工程与生物工程学院肖丰收教授、王亮研究员团队与中国科学院精密测量科学与技术创新研究院郑安民研究员团队合作，研究 FTO 过程中关键反应物种的扩散对该过程的重要影响，发现在一氧化碳加氢过程中生成的少量水会吸附在催化剂表面抑制一氧化碳和氢气分子的吸附与转化，该问题在低温反应过程中更为明显。如何在进一步提高催化剂的低温反应活性的同时又保持优异的烯烃选择性，成为迫切需要解决的问题。

该团队报道了一种控制催化剂表面微观环境中水物种的吸-脱附平衡的策略,通过将一种疏水助剂聚二乙烯基苯与经典钴基催化剂物理混合,实现了催化性能的大幅提升。在 250℃ 下,一氧化碳的单程转化率达到 63.5%,同时保持 71.4% 的碳氢化合物为低碳烯烃产物。这项研究刊登在国际顶级期刊《科学》上,论文共同第一作者为方伟博士生、王成涛博士和刘志强博士,论文共同通讯作者为肖丰收教授、王亮研究员和郑安民研究员。

不同于传统费托催化剂的研究,浙大团队独辟蹊径,将目光聚焦到反应产物在催化剂表面的吸-脱附微平衡调控上。肖丰收说:"这个想法也很简单,我们通过催化剂和助剂物理混合的方式,在催化剂表面构筑特定的微观环境,同时促进产物的脱附和抑制其再吸附,推动反应进行。"另外,通过物理混合的方法,可以在现有催化剂"无损"的情况下对反应性能进行调控,优于通常采用的化学修饰方法。

这种聚二乙烯基苯具有超疏水的表面。当催化剂中混入这个材料后,反应产物水就会迅速脱附和扩散。虽然整个反应体系内的气氛组成没有变化,但是活性位点所处的微观环境会变得相对"干燥",这为催化剂持续高效工作提供了有利条件。"我们把原来被水遮挡的活性位点释放出来,催化反应就可以持续推进。"王亮说。

大道至简,这一小小的改变,让转化效率提升了一倍,同时对产物的选择性也进行了优化,实现了低温条件下的高效率。

对于未来的应用,肖丰收说,这种物理混合的新型催化体系不需要改造现有工业反应路线就能够高效率地应用于生产实践,让煤炭发挥更大的作用。

(文:柯溢能)

"量脸定制"护目镜：佩戴更舒适，保护更周全

护目镜有助于防止病毒通过喷溅或气溶胶的方式接触佩戴者，但在使用中也存在不少弊端。例如尺寸单一，依靠强力勒紧系带实现脸部形状适配，长时间勒紧皮肤造成脸部严重"压疮"，且存在破口感染的风险。近视人员使用时则需要内外佩戴两副眼镜，使用不便，而且会产生雾气影响视野。

浙江大学计算机辅助设计与图形学国家重点实验室周昆教授团队研制出一款"量脸定制"的护目镜，该护目镜通过三维测量每个佩戴者的脸部形状，生成完全贴合的个性化定制，并利用3D打印技术完成生产，解决了护目镜长时间佩戴的舒适性问题，为佩戴者提供更周全的保护。

一只手机，就可获得用户脸部形状数据

量脸，即获得每一个用户的脸部三维数据，这是个性化护目镜生产的第一步。随着技术的日益发展，现有的部分手机和平板设备自带的深度相机就拥有三维扫描功能。

"传统三维测量需要昂贵的专用设备，操作起来效率也低。"周昆介绍，现在通过手机或平板设备的三维扫描功能能够一次获取全部数据，进而构建出"人脸数字地图"。

这张"地图"集成了和人脸相关的各项数据，能够让计算机全面掌握对象的面部特征，得知眼珠、眼眶、鼻子等关键部位的位置与形状，为后续护目镜的自动设计奠定基础。

"立等可见"，30 秒自动化程序完成三维设计

如何构建护目镜的数字化模型是生成完美贴合人体面部形状的"关键一跃"。

打个比方，要为一口锅配一个严丝合缝的锅盖，根据锅不同的形状大小，就要找配不同的盖子。而护目镜与人脸的匹配相较于规则形状匹配显然要更为困难。

周昆说，这种个性化定制就是要让描述护目镜形状的几万个"点"通过不断的调整、优化而完全贴合人脸。"头部的尺寸、瞳孔的位置、眼眶的倾角，都会影响到护目镜的最终形状。"

科研人员通过直接在护目镜上生成安装镜片用的片槽，避免了同时要佩戴两副眼镜的尴尬，通过侧面通气孔增加空气对流，减少起雾，而这些关键功能的实现也给设计提出不小的挑战——在快速自动生成的同时兼顾众多目标。

眼镜片槽形状直接决定镜片的无缝安装,因此在优化过程中需要始终保持;护目镜外沿与眼眶在贴合过程中要实现接触均匀;为了实现生产,镜框的厚度有限制;各部分的形状线条要顺畅美观……

这些目标如何实现?周昆团队凭借在三维建模和 GPU(图形处理器)计算方面的深厚积累,短时间内确定了研究的整体思路,并解决了接触面控制、槽孔位保持、自动对称性调整等难点问题,利用 GPU 的大规模并行计算能力加速优化求解过程,实现了获得用户脸部模型后 30 秒内完成护目镜的自动化设计,做到了"立等可见"。

3D 打印技术投入生产,应用前景广阔

世界上没有两个人的脸是一模一样的,这意味着根据用户脸型生成的每一副护目镜都具有独一无二的形状。传统开模生产方式无法生产这样的定制化产品,而 3D 打印技术可以很好地解决这一问题。

3D 打印技术的发展和快速普及,使在很短时间内以较低的成本完成护目镜的定制化生产成为可能,甚至可以在表面彩印个性化图案。创新的生产方式让这一护目镜技术能够顺理成章地走出实验室,直接服务广大医护人员。

这项研究成果已经申请了国家发明专利,并在杭州两所医院开展了临床应用测试。

医护人员普遍评价:"这种护目镜戴上去舒适多了。整个镜圈贴合在眼眶上,脸上的压迫感分布比较均匀,即使整天佩戴着,在脸上留下的痕迹也不明显,取下后很快就消失了。镜片直接安装在护目镜上,再不用里一层外一层套着戴眼镜和护目镜了,起雾问题也大大改善。"

"实际上,作为定制化的头戴设备自动设计,这一技术的应用场景

并不限于个人或医用防护。"周昆说,未来不管是针对运动眼镜,还是虚拟现实/增强现实的头戴设备,这都是一项极具前景的技术。

（文：柯溢能）

超薄功能器件大面积、可编程转印不再是难题

柔性无机电子器件在可穿戴健康监测、柔性显示、人机界面等众多领域都有着重要应用，近十年来，在全球范围内得到广泛关注。然而，柔性无机电子器件无法直接利用传统微纳加工方法在柔性基体上进行制备集成，必须通过转印技术将无机薄膜从其生长基体上剥离并转移到柔性可变形衬底上。

随着功能器件的厚度减小和转移数量的急剧增多，这一看似简单的过程也变得愈加困难和极具挑战，成为当前制约柔性无机电子器件大规模制造和产业化应用的一个关键难题。

浙江大学航空航天学院宋吉舟教授课题组提出了一种低成本、可编程的高效转印集成方法，突破了现有转印技术的局限性，能够实现从几百纳米到几微米厚的超薄功能元器件的大面积、可编程高效转移印刷。相关研究成果发表在国际知名期刊《科学进展》（*Science Advances*）上。论文第一作者为航空航天学院博士生王成军，宋吉舟教授为论文通讯作者，参与该工作的还有航空航天学院陈伟球教授和信息与电子工程学院金浩副教授。

该研究创新性地提出利用微球在外界激励作用下体积发生膨胀

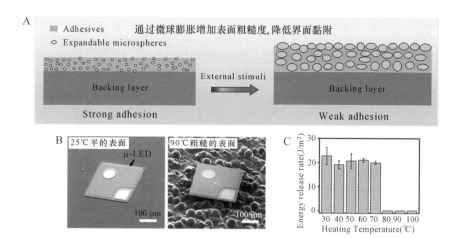

A
- Adhesives
- Expandable microspheres

通过微球膨胀增加表面粗糙度,降低界面黏附

Backing layer → External stimuli → Backing layer

Strong adhesion　　Weak adhesion

B　25℃平的表面　　μ-LED　　90℃粗糙的表面

100 μm　　100 μm

C Energy release rate(J/m²)

Heating Temperature(℃)

来提升转印印章表面粗糙度,从而减小功能器件与印章之间的接触面积,降低界面黏附来完成转印。通过以热释放胶带印章为例,文章展示了该方法在印章黏附调控性能、稳定拾取以及高效转移超薄功能器件上独特的优势。

同时,通过与激光加热设备相结合,该方法可以实现可编程、大面积选择性转印集成的功能。通过可编程地转移印刷硅薄膜、硅薄膜光电探测器和超薄 Micro-LED 芯片阵列以及大面积选择性地转移印刷柔性应变片和表面声波器件阵列等,展示了该方法广泛的适用性,这一成果为柔性无机电子器件大规模制造提供了新思路。

（文：柯溢能）

多倍频高性能摩擦纳米发电机竟是水气球？

近年来，能源消耗不断增加，可再生能源的开发和利用变得越来越重要。值得注意的是，海洋能是一种取之不尽、用之不竭、无污染的可再生能源，因此，海洋能源的开发利用，尤其是波浪能的研究，可以说是海洋能源利用领域中最为重要的一项工作，已经成为研究者们关注的焦点。然而，传统的基于电磁发电技术的波浪能发电装置在低频低振幅的海浪作用下，很难有效地发挥发电效果。值得一提的是，摩擦纳米发电机（TENG）作为新一代的能源器件，能够有效地将低频和低振幅的机械能转化为电能，为从海浪能中获取能量提供了一种新的途径。

浙江大学海洋学院海洋电子与智能系统研究所纳米能源研究团队利用生活中常见的气球制作成了可用于收集波浪能的多倍频高性能摩擦纳米发电机。这项研究发表在国际著名期刊《先进能源材料》（*Advanced Energy Materials*）上。

论文第一作者为浙江大学海洋学院 2019 级博士研究生夏克泉，通讯作者为浙江大学海洋学院徐志伟教授。

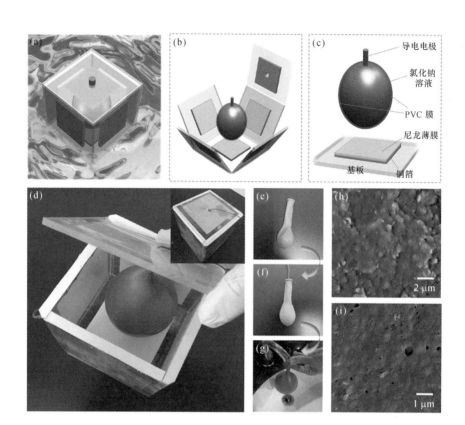

図中标注：
- (c) 导电电极
- 氯化钠溶液
- PVC 膜
- 尼龙薄膜
- 基板
- 铜箔
- (h) 2 μm
- (i) 1 μm

做个水气球发电

气球是我们日常生活中常见的一种儿童玩具,向气球中注入水后,它会具有很好的弹性和可拉伸特性。同时,构成气球的 PVC 材料是一种具有优良摩擦电特性的介电材料。

夏克泉突发奇想,是不是能够将这个特殊结构与近年来自己专注的纳米能源研究结合起来,利用生活中习以为常的材料发电。

于是研究团队制备了一种基于水气球(WB-TENG)的多倍频高性能摩擦纳米发电机,用于波浪能收集。团队所提出的 WB-TENG 由一个方形盒和一个水气球两部分构成。方形盒内壁上覆盖一层导电铜箔,再在导电铜箔表面粘贴一层尼龙薄膜。将导线放到气球中,然后向气球中注入氯化钠溶液,最后通过打结的方式进行密封。将制作好的水气球放到方形盒子中,这样 WB-TENG 发电器件就制作完成了。

为什么会发电?

根据摩擦起电原理,当气球和尼龙薄膜相互碰撞摩擦时,两种薄膜的表面会带上等量的异种电荷。当两种薄膜做接触—分离运动时,根据静电感应原理,气球中的氯化钠溶液和附着在尼龙薄膜上的导电铜箔就会感应出等量异种电荷,这时,在连接两个电极的电路中就会产生交变电流,于是就可以发电了。

水气球的妙用

以往的研究揭示了多种用于收集水波能的摩擦纳米发电机结构,包括球形结构、圆筒形结构、塔形结构和蝴蝶形结构等,取得了很好的发电效果。但是,工作模式单一,能量转化效率低,这限制了摩擦纳米发电机在海洋环境下收集波浪能的实际应用。而在这项工作中,WB-TENG 能够实现三种工作模式(完全接触—分离模式;局部接触—分离模式;往复接触—分离模式),可以收集任意方向的机械能,这极大地推动了摩擦纳米发电机在海洋能收集方面的应用。

此外,由于水气球具有很好的弹性,当 WB-TENG 受到低频率的外力作用时,水气球会在盒子内部不断和内壁碰撞,进而产生多倍频的输出电流。根据实验测试,在相同的条件下,WB-TENG 在一个工作周期内的总转移电荷是传统的基于双板结构的摩擦纳米发电机的28 倍,表明这种基于水气球的结构设计会大大提升能量转化效率。除此之外,由于水气球在不增加任何支撑结构的情况下也能达到自支撑的效果,这使得 WB-TENG 在轻微振动下仍能产生电流输出。

　　根据水气球的可拉伸性,在气球与尼龙薄膜的不断碰撞摩擦过程中,气球表面不断地积累电荷直至达到饱和,这会带来超高的输出性能。根据实验测试,在 1.5 赫兹的工作频率下,WB-TENG 短路电流的瞬时峰值可以达到 147 微安,开路电压的瞬时峰值可以达到 1221 伏。同时,WB-TENG 在外接负载为 20 兆欧时达到最大输出功率,其瞬时峰值为 13.52 毫瓦。

　　值得一提的是,WB-TENG 除了作为发电器件,还可以作为传感器件反映波浪的振动情况,对于海洋能收集和海洋环境下分布式传感网络的构建有着积极的意义。

（文:柯溢能）

测量纳米世界的新"触角"

触角是昆虫重要的感受器,昆虫通过触角感触外界物体,以做出相应反馈。在物质世界中,要更好地研究物体接触时的"力量"离不开原子力显微镜,而其核心构件探针则如同昆虫的"触角",能够将样品表面的作用力体现为微悬臂梁的弯曲度,进而通过激光束探测到。

然而长久以来,球形原子力显微镜探针(也称胶体探针)在纳米尺度的测量存在"盲区"。浙江大学伊利诺伊大学厄巴纳香槟校区联合学院胡欢研究员团队,联合美国 IBM 沃森研究中心以及东华大学机械系彭倚天教授团队合作发明了一种新型纳米球探针技术,可以精准测量纳米到微米尺度范围的界面,填补了这一尺度空缺,解决了纳米摩擦学领域的重要技术瓶颈。

这项研究刊发在国际界面研究领域著名期刊《兰格缪尔》(Langmuir)上,并作为封面重点报道。

球形探针的现实困难

原子力显微镜由一个微悬臂梁和一个位于自由端的纳米针尖构成,能够通过探针将十分微小的力通过微悬臂梁反射的激光信号测量出来,为探究纳米尺度的物质世界打开了一扇门。

例如,对机械部件界面之间摩擦力的研究,能够指导研发降低摩擦力进而减小能耗的技术;对材料间的吸附力研究,能够推进超级胶水的研制;对生物样品如癌细胞的硬度进行测量,有可能判断其是否更容易转移;等等。

球形原子力探针是众多类型原子力显微镜探针中的重要成员,球形在形变、硬度、力学属性等方面更具优势,有利于后续的科学分析。球形探针十分适合界面力学的精准测量,因为接触面是球面,可以精确预测接触面积和力的关系,因此可以精准地测试样品的力学特性,且不容易破坏样品,在生物领域如细胞、细菌和病毒的力学测试以及胶体科学领域有广阔的应用前景。

但是,传统显微镜上的球形探针具有明显的不足。这类探针尺寸在 1～10 微米,测试精度有限,缺乏纳米尺度的测量。与此同时,球形探针是通过胶水粘贴,本身粘贴位置就很难把控,会影响精确度,而且遇到高温或液体常常容易脱落。

因此,如何做小球形探针,如何让球形探针牢牢粘住,成为摆在研究者面前的难题。

无心插柳,填补行业空白

胡欢团队长期从事各种纳米制造技术的研究,对高能氦离子束并不陌生。

高能氦离子束可以聚焦成为直径在 0.5 纳米左右的束斑,像一把超级小的刀,能够在纳米尺度将材料任意切割,然而,在硅材料衬底中注入高能氦离子束则会形成隆起。"这是工业界非常不愿看到的现象,这个隆起可以说是氦离子用于纳米制造领域的一个瑕疵。"胡欢介绍。

但是,这个瑕疵在胡欢看来"如获至宝"。"从透射电镜的照片中可以清楚地看到,硅片表面在氦离子束注入下隆起像一个球,让我正好联想到一直以来难以制造原子力显微镜球形探针的纳米球结构这一技术瓶颈。"美国太平洋西北国家实验室陶锦晖博士评价称:"利用硅材料在高能氦离子束轰击下表面隆起为球形的效应,胡博士课题组开创性地加工出球形原子力显微镜探针。"

于是,胡欢研究组进行了第一个利用氦离子隆起效应制造纳米球探针的实验。通过聚焦离子束(FIB)刻蚀在普通原子力显微镜探针上雕刻出一个"平台",然后在"平台"上精准定位,注入高能氦离子束,使得单晶硅隆起,实现了一种稳定可靠的纳米球探针技术制造工艺。具有高分辨率、高准确性、耐高温的球形探针由此制造而成,实现了球形针尖的直径在 100 纳米到 1 微米之间的精确调控,填补了这一领域的空白。

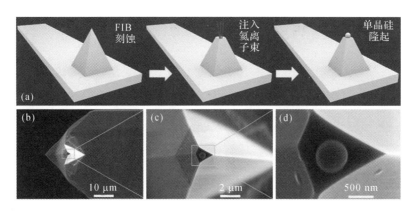

哈尔滨工业大学能源化工系主任甘阳教授评价该工作:"不但实现了亚微米/纳米球的位置、尺寸和形状精准可控,而且亚微米/纳米球与探针的原生一体式结构确保了高结合强度和针尖表面无污染。"

胡欢认为,新的探测工具的制造,将有利于促进纳米摩擦学、生物材料的测试和研发,以及分子之间力的测量,对材料学、摩擦学、生物医学都会起到很好的推动作用。

卡尔·蔡司公司(Carl Zeiss AG)离子显微技术研发中心首席科学家尉东光博士认为：“这项研究以非常低的成本，极大地拓宽了探针针尖的材料范围，因而拓展了扫描探针技术的检测、表征能力。”

（文：柯溢能）

给植物配上可穿戴式传感器，竟有颠覆常识的新发现

时至今日，通过穿戴式电子设备监测心率、脉搏等已经成为健康管理的重要一环。而浙江大学生物系统工程与食品科学学院智能生物产业装备创新（IBE）团队刘湘江、应义斌，信息与电子工程学院汪小知和农业与生物技术学院胡仲远，则为植物联合发明了一款穿戴式"电子皮肤"。

这种植物可穿戴式茎流传感器通过将柔性穿戴电子技术应用到植物体表，成功在自然生长状态下，首次持续监测草本植物体内水分的动态传输和分配过程。同时，科研人员还发现植物果实生长与光合作用不同步的现象，这不仅改变了人们长期以来对植物生长发育过程的基本认识，更将为作物高产育种及栽培技术研发提供新的思路。

这项研究刊发在国际知名期刊《先进科学》上，论文共同第一作者为 IBE 团队的硕士生柴扬帆和陈楚弈。

形似文身的柔性传感器——实现自然状态下的植物生理监测

众所周知，血液是维持人体生命活动的重要物质，血液循环能够把人体所需的各种营养物质运输到各个组织和器官。

植物也有类似"血液"的物质，被称为"茎流"，是植物在蒸腾作用、渗透势等内外部压力下茎秆中产生的上升液流。茎流也是植物水分、养分、信号分子运输的载体。因此，实现对茎流的长期实时监测能够探究植物生长过程中水养分分配、信号传导以及植物对环境的响应机制等奥秘。

然而，现有的茎流检测工具多为大型侵入式探测器，在测量时会对植物造成物理伤害，而且仪器的体积限制了它们在草本植物上的应用。很长一段时间内，科学界没有一种方法可以在植物自然生长状态下长期监测植物茎流。

为了解决这一难题，来自浙江大学的智能生物产业装备创新团队、智能传感与微纳集成团队、蔬菜种质创新与分子设计育种团队开展了跨学科交叉研究，针对植物茎秆特殊的生理特性，利用芯片级微纳加工工艺，制备了一种植物可穿戴式的茎流传感器。

这款传感器薄如蝉翼，厚度仅 0.01 毫米，重 0.24 克，如同文身一样，能贴附在植物茎秆表面进行茎流监测。

另一个工程难题是避免传感器对植物生理产生影响。研究团队通过特殊设计，使得植物正常生长发育所需的阳光、氧气、水和二氧化碳能够自由通过传感器，实现了传感器与植物长期"和平共处"，最终实现在植物自然生长状态下长期监测茎流的目的。

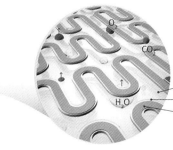

O_2
CO_2
H_2O
—— PDMS(聚二甲基硅氧烷)
—— PI(聚酰亚胺)
—— Cu(铜)

"这项工作为今后研制植物可穿戴式传感器提供了新的研究范式。"汪小知介绍，未来如何针对特定植物的表面结构和生理特性设计制备可穿戴式传感器，如何评估传感器对植物生长和生理的影响，都可以从他们的研究中找到技术路径。

发现西瓜竟在夜晚生长——或为节水灌溉提供新思路

工欲善其事，必先利其器。有了这么好的监测传感器，科研团队开展了一系列丰富的研究。

浙大科研人员在西瓜茎秆上的几个关键位点部署了茎流传感器，长期无损地观察了水分在西瓜叶片、果实、茎秆等不同部位的动态分配情况。通过对茎流数据的分析，研究团队首次发现西瓜果实生长与光合作用不同步的现象。

西瓜果实的主要成分是水（95％左右），然而茎流传感器监测发现：在白天，只有极少部分水被运输进果实用于生长（5％），绝大部分水通过叶片蒸腾作用被消耗；然而到了夜间，几乎所有水分都被运输到果实，绝对茎流量相对日间有显著增加。

"白天积累的光合作用产物导致的渗透势差应该是夜晚茎流激增的主要原因。同时，夜晚没有蒸腾作用消耗水分，促使大量茎流输入西瓜的果实，从而实现了果实的重量增加与体积膨大。"胡仲远表示，这一发现也间接证明西瓜果实生长主要在夜间。

这一发现改写了对于植物果实生长的传统认识。教科书中一般认为，植物生物量积累主要靠光合作用，而夜间以消耗生物量的呼吸作用为主。

这个"反常识性"的发现不仅具有重要的科学价值，也具有良好的应用前景。浙大科研团队表示，水是珍贵的农业资源，基于茎流对西瓜等耐旱作物体内水分运输和抗旱机理的解析,将为全球干旱地区的农业生产、节水灌溉、抗旱作物选育提供新的理论依据和技术支持。

(文:柯溢能)

智能"创可贴"搭配手机，呵护你的伤口

皮肤、黏膜或器官组织的伤口会给患者带来剧烈疼痛，甚至引发严重感染。如果缺乏恰当的护理，伤口极易被病原体侵入，迁延不愈。严重情况下，还可能会引发败血症等一系列并发疾患，进而危及生命。

如何更高效、便捷、智能地掌握伤口状态并精准地给予药物治疗？浙江大学生物医学工程与仪器科学学院刘清君教授团队基于柔性电子技术研发了一款无线无源的智能"创可贴"，在多参数伤口监测的基础上实现了精确电控给药的反馈治疗。

这款长得像"创可贴"一样的电子贴片既能实现伤口原位实时监测，又能精确控制药物递送。针对感染性伤口，这种新型电子皮肤贴片检测和治疗无疑具有重要意义。

这项成果刊登在国际知名期刊《先进功能材料》上，浙江大学博士生许刚和浙江大学博士后卢妍利为共同第一作者，浙江大学刘清君教授为通讯作者。

柔性传感贴片

为了更好地贴合皮肤，科研人员采用了蛇纹形导线设计，利用柔

性电极加工技术实现了柔性传感电极的加工制备。传感电极可实现拉伸、弯折和扭曲等多种不同形变，从而适应人体柔软的皮肤界面，实现与伤口表面的舒适接触。

在设计中，贴片呈双层结构，上层是集成有近场通信（NFC）技术模块、温度传感和药物控制释放等功能的柔性电路，下层为传感电极和药物控制释放电极，用于实施对伤口 pH 值和尿酸的检测以及药物释放。

无线无源

"近场通信技术可以实现无线能量收集，驱动多种电化学传感方法，实现信号采集及无线传输。"刘清君表示。

然而这个神奇的"创可贴"并未配置有电池，那么电能是如何提供的，信息又是如何分析的呢？

这些答案可以由带有近场通信技术模块的智能手机来回答：手机靠近该贴片，即可实现无线供电，获取检测结果，之后再根据检测到的感染数据控制药物释放，从而实现从检测到智能给药的全过程反馈管理。

精准给药

刘清君长期从事基于智能手机的传感检测研究，而在实际的调研中，团队发现临床上大量患者正在饱受伤口溃烂导致并发症的痛苦，于是他想到了将检测技术运用到伤口管理中。

伤口恢复进展如何？过去常常通过观察来了解，刘清君团队则通过智能传感技术实现对尿酸、pH 值及温度等伤口炎症指标的多参数检测，他们分别通过差分脉冲伏安法和开路电势法检测了伤口的尿酸和 pH 值,并采用高精度温度传感芯片检测了伤口的温度。

刘清君介绍,多参数伤口检测的结果不仅可以作为对伤口轻重程度的有效评估手段,也可为电控药物释放提供指导,作为药物治疗结果的反馈评估。

传统的伤口药物敷料都是通过药物自身的缓慢扩散作用于目标部位,而浙大研究人员开发的智能给药模式则是依托电势控制实现精准按需给药。团队设计的电控药物释放模块利用带正电的聚吡咯膜包裹带负电的药物分子,当电极上施加负电激励时,药物分子会从聚吡咯膜的主链上解离,并且在电场力的作用下释放到伤口创面,达到治疗的目的。

在这项实验中,课题组通过在小鼠体表伤口上接种金黄色葡萄球菌,形成感染伤口动物模型,将构建的智能“创可贴”贴敷于伤口处,实现了良好的伤口监测与药物治疗效果。

未来,科研团队期待这种基于近场通信的神奇“创可贴”能够运用到糖尿病坏疽、下肢静脉溃疡、压疮、严重烧烫伤等慢性伤口的穿戴式监测管理和精准治疗领域,以期为长期遭受伤口感染困扰的患者带来福音。

（文：柯溢能）

宇宙空间站里的干细胞研究

2022年11月12日,"天舟五号"货运飞船在文昌航天发射场顺利升空,搭载的浙江大学生命科学学院余路阳教授、王金福教授团队的干细胞实验单元也将抵达中国空间站,与此前安装在问天舱内的生物技术实验设备"会师"。在"神舟十四号"航天员乘组的操作下,中国空间站迎来了工程应用系统的首个干细胞项目。

通过自动换液、温控、供气等处理,空间实验装置将诱导人骨髓间充质干细胞向骨细胞分化,并进行实时显微成像。在轨实验完成后,实验装置中的细胞样品还将随航天员重返地面,接受进一步的生物学分析。项目负责人余路阳介绍,团队后续将对回收样品开展生物化学和分子生物学检测,并开展地面匹配实验。

为什么开展太空干细胞成骨分化研究?

太空微重力环境会造成航天员严重的骨质流失和骨质疏松,而骨髓中的间充质干细胞是补充骨细胞的主要来源。

在太空中,骨细胞是怎么消失的呢?

团队前期的研究发现,部分骨髓间充质干细胞在太空中没有分化成骨细胞,而成了脂肪细胞。"这与老年人骨质流失的情况十分相似,在之前研究的基础上，我们将进一步探究其中的生物学机制。"余路阳介绍说。

利用中国空间站细胞实验装置，团队科研人员将进一步解析在太空微重力环境下，骨髓干细胞分化成骨细胞的表型变化规律，以及分化细胞的基因图谱和表观遗传特征。

此前，团队于2016年和2017年先后在"实践十号"卫星和"天舟一号"货运飞船上开展了相关干细胞研究，揭示了在空间微重力的作用下，骨钙在不断流失的同时，生成也相应减少的现象，并明确了空间微重力影响骨细胞生成的核心信号调控通路。

"载人空间站是非常理想的太空实验平台。"王金福说，要搞清楚太空环境对机体产生影响的机制，就必须在真实的太空环境中开展研究。

这些年来，浙江大学生命科学学院依托两个"双一流"学科，不断汇聚人才，齐心协力开拓空间生物学、计算生物学、合成生物学等新兴交叉领域。"通过基础前沿的探索，把一流的人才汇聚到一流的事业平台上，才能更好地解决关键核心技术难题，服务国家重大战略和需求。"余路阳说。

面向未来，团队将继续深入深空环境影响骨生成的研究，针对骨质代谢疾病寻找相关靶点，为后续药物开发和干预策略提供新的线索。

团队中吴梦瑞研究员、博士后张翠和李金英、博士生吴莎莉和周佳仪在项目的开展中做出了积极贡献。

（文：柯溢能）

第二篇

浪　潮

真正像脑一样"思考"，类脑计算机的新突破

1.6 米高的三个标准机柜并排而立,黑色的外壳给人酷酷的感觉,红色的信号灯不停地闪烁,靠得近些似乎能听到里面脉冲信号飞速奔跑的声音。

浙江大学联合之江实验室成功研制了我国首台基于自主知识产权类脑芯片的类脑计算机(Darwin Mouse)。

这台类脑计算机包含 792 颗浙江大学研制的达尔文 2 代类脑芯片,支持 1.2 亿脉冲神经元、近千亿神经突触,与小鼠大脑神经元数量规模相当,典型运行功耗只需要 350~500 瓦,它也是目前国际上神经元规模最大的类脑计算机。

与此同时,团队还研制了专门面向类脑计算机的操作系统——达尔文类脑操作系统(DarwinOS),实现对类脑计算机硬件资源的有效管理与调度,支撑类脑计算机的运行与应用。

颠覆传统的新型计算模式

对于如今人们在工作、生活等各个领域中早已司空见惯的计算机,或许大家已经忘了最初科学家是想通过机器模拟出一个人类

大脑。

　　然而在计算机的发展中,人们在当时选择了以数值计算见长的冯·诺依曼架构,也就是以数字加减乘除的方式来进行信息架构。随着摩尔定律逐渐失效,冯·诺依曼架构带来的局限日益明显,存储墙、功耗墙、智能提升等问题让当前计算机发展面临重大挑战。

　　比如,存储墙问题是由于现有的冯·诺依曼架构中数据储存和计算的分离产生的,"这就好比信息存储在甲地,计算的时候要把信息搬到乙地,计算好了再搬回甲地。但搬运的速度要远远低于计算的速度,反而使搬运成为关键瓶颈"。研究团队负责人、浙江大学计算机科学与技术学院教授潘纲说,这种计算模式制约了以大数据为代表的计算性能提升,而由此带来的数据"跑动",以及人工智能等高耗能计算又让功耗墙问题冒了出来。同时,数据驱动的智能算法、训练需要海量样本与密集计算,但举一反三、自我学习等高级能力比较差,"现在的机器智能离人的智能差得还很远"。

　　如何突破现有计算运行方式导致的计算机瓶颈呢?

　　全球科学家们再次将目光瞄准模仿生物大脑这个"最初的梦想",通过模拟人脑结构与运算机制来发展新的计算技术,以期实现高能效与高智能水平的计算。

　　生物大脑在与环境相互作用过程中能够自然产生不同的智能行为,包括语音理解、视觉识别、决策任务、操作控制等,而且消耗的能量非常低。在自然界中,很多神经元远低于 100 万个的昆虫就能做到实时目标跟踪、路径规划、导航和障碍物躲避。

　　潘纲介绍说,用硬件及软件模拟大脑神经网络的结构与运行机制,构造一种全新的人工智能系统,这种颠覆传统计算架构的新型计算模式就是类脑计算。其特点在于存算一体、事件驱动、高度并行等,是国际学术界与工业界的研究焦点,更是重要的科技战略,"类脑计算已被看作解决人工智能等计算难题的重要路径之一"。

近年来,浙江大学聚焦人类智能与机器智能等核心领域,实施了简称为"双脑计划"的脑科学与人工智能会聚研究计划,希望借鉴脑的结构模型和功能机制,将脑科学的前沿成果应用到人工智能等研究领域,建立引领未来的新型计算机体系。

2015年和2019年浙江大学分别研制成功达尔文1代和达尔文2代类脑计算芯片,用芯片去模拟大脑神经网络的结构与功能机制,在图像、视频、自然语言的模糊处理中具备优势。而这次的成果是将792颗我国自主产权的达尔文2代类脑计算芯片集成在3台1.6米高的标准服务器机箱中,形成了一台强大的机架式类脑计算机。

那么,高效能低功耗是如何实现的呢?项目研究骨干马德副教授说,大脑神经元的工作机理是钾离子、钠离子的流入流出导致细胞膜电压变化,从而传递信息,"可以简单理解为,一个神经元接受输入脉冲,导致细胞体的膜电压升高,当膜电压达到特定阈值时,会发出一个输出脉冲到轴突,并通过突触传递到后续神经元,从而改变其膜电压,实现信息的传递"。

这里很重要的一点是异步运行,也就是信号来的时候启动,没有信号就不运行。类脑芯片的工作原理就类似于生物的神经元行为,通过脉冲传递信号,这样就能实现高度并行,效率提升。

真正像脑一样"思考"

有了硬件,还得有软件。

项目研究骨干金孝飞介绍,每颗芯片上有15万个神经元,每4颗芯片做成一块板子,若干块板子再连接起来成为一个模块。这台类脑计算机就是这样像搭积木一样搭起来的。

　　说起来容易，可要让这么多神经元能够互联并且可拓展，从而实现高效的联动组合，同时要把杂乱无章的信息流有序分配到对应的功能脑区，可不是那么简单。

　　为此，科研人员专门研发了一个面向类脑计算机的类脑操作系统——DarwinOS。

　　这款达尔文类脑操作系统面向冯·诺依曼架构与神经拟态架构的混合计算架构，实现了对异构计算资源的统一调度和管理，为大规模脉冲神经网络计算任务提供运行和服务平台。项目研究骨干吕攀介绍说："目前达尔文类脑操作系统的功能任务切换时间达微秒级，可支持亿级类脑硬件资源管理。"

　　由此，类脑计算机研究的价值真正得以实现——既可以应用于生活中的智能任务处理，也可以应用于神经科学研究，为神经科学家提供更快、更大规模的仿真工具，提供探索大脑工作机理的新实验手段。

　　目前，浙江大学与之江实验室的科研人员基于 Darwin Mouse 类脑计算机已经实现了多种智能任务。研究者将类脑计算机作为智能中枢，实现抗洪抢险场景下多个机器人的协同工作，涉及语音识别、目标检测、路径规划等多项智能任务的同时处理，以及机器人间的协同。同时，还用类脑计算机模拟了多个不同脑区，建立了丘脑外侧膝状体核的神经网络模型，仿真了以不同频率闪动的视觉刺激下该脑区神经元的周期性反应；借鉴海马体神经环路结构和神经机制构建了学习—记忆融合模型，实现音乐、诗词、谜语等的时序记忆功能；实现了脑电信号的稳态视觉诱发电位实时解码，可"意念"打字输入。

　　在试验现场可以看到，3 台外形相似的机器人在经过简单的训练后，合作开展抗洪抢险任务。只见 1 号机器人凭借自带摄像头开始在场地巡逻，当发现堤坝缺口后，就呼叫负责工程的 3 号机器人前来修坝，同时搜寻受伤人员；当发现倒在地上的人体模型后，又呼叫负责救援的 2 号机器人。3 号机器人和 2 号机器人赶来执行任务，1 号机器人又去别的地方巡逻。

这一幕似乎并不新鲜，现有的机器人也能做到。但最大的不同在于这几个机器人是在类脑计算机的控制下通过语音收发移动指令，并接受任务分配。"不同机器人的任务可以通过指令切换，也就是说它们的功能并不是固定的，而是通过不同脑区来操控的，1 号机器人现在干巡逻的活，过会儿又可以负责救援或者工程。"项目研究骨干李莹副教授说。

在另一个试验场景中，课题组成员给计算机演唱一首歌其中的两句，然后计算机就能通过回想把后续的歌曲内容"唱"出来。

"这是类脑计算机通过模拟海马体记忆机制，实现对大脑内部记忆信息的存取，与我们常用的检索功能不同。"项目研究骨干唐华锦教授说，Darwin Mouse 类脑计算机通过借鉴海马体网络结构以及神经机制建立记忆模型架构，可以模拟海马体的记忆—学习功能，通过记忆的脉冲编码，同一模型就可以学习与记忆语音、歌曲、文本等不同类型的数据。

类脑计算机将如何"进化"？

1946 年诞生的世界第一台计算机重达 28 吨，可进行每秒 5000 次的加法运算，然而在之后的 70 多年里，计算机技术飞速发展。类脑计算机的发展速度很有可能也会令人惊讶。

别看现在的类脑计算机是个"大块头"，科学家们表示，随着达尔文芯片及其他硬件的不断迭代升级，类脑计算机的体积缩小指日可待。未来类脑计算机或将被植入手机、机器人，诞生新的智能服务体验。

与硬件上的更新相比，如何让类脑计算机变得"更聪明"是科学家们下一步研究的重点。

目前，市面上传感器输入的信号还是以数字为主，在应用到 Darwin Mouse 类脑计算机上时要加一个编码层，将信号转换为脉冲式的，而在这个过程中，信息有丢失和损伤，会在一定程度上降低计算机的功效。如果能解决这个问题，类脑计算机就能变得更加智能。

当前，类脑计算机研究还处于初级阶段，Darwin Mouse 类脑计算机无论是规模还是智能化程度，都与真正的人类大脑有很大的差距，但其意义在于能够为这种技术路径提供一个重要的实践样例，为研究人员提供一个工具和平台，验证类脑算法，以更强的鲁棒性、实时性和智能化去解决实际的任务。

浙江大学和之江实验室研究员的目标是，希望随着神经科学的发展和类脑计算机的系统软件、工具链及算法的成熟，有朝一日能够让类脑计算机像冯·诺依曼架构计算机一样通用化，真正像大脑一样高效工作，与冯·诺依曼架构并存与互补，去解决不同的问题。

一位业内人士表示，从加减乘除这样的数值计算方式到模拟大脑的脉冲计算方式，这是一次重要的计算模式的变革。潘纲说："我们希望能够像生物进化一样，不断地让达尔文系列类脑计算机朝着人类智能的方向发展，以超低功耗提供更强的人工智能。"

（文：柯溢能 吴雅兰）

推动人工智能学科的人才培养和交叉研究

AI 赋能，教育先行，产学协作，引领创新。中国工程院院士、浙江大学计算机学院潘云鹤教授作为通讯作者，与其他人工智能领域学者在《自然》子刊《机器智能》（*Machine Intelligence*）上发表题为"中国迈向新一代人工智能"的文章，全景扫描了中国新一代人工智能形成过程和发展现状，指出大力培养人工智能本土一流人才、加强学科交叉下人工智能理论突破、规范人工智能伦理以及构建人工智能发展生态是今后中国新一代人工智能发展面临的挑战。

人工智能已经成为世界工业和经济发展转型的主要驱动力，世界各国正在奋力拥抱人工智能革命为本国经济社会发展带来的澎湃动能，已经产生并将不断催生各领域的新产品、新技术、新业态。

浙江大学矢志推进新一代人工智能发展，为国家贡献人工智能规划，夯实人工智能人才培养基础，在学科交叉中推动计算方式变革，形成了溢出带动性很强的"头雁"效应。

全景式描绘中国迈向下一代人工智能

《中国迈向新一代人工智能》一文介绍了中国《新一代人工智能发

展规划》(2015—2030)的形成、发展和赋能实体经济场景等内容,文章认为中国将会通过搭建人工智能生态（AI Ecosystem）,将中国人工智能发展蓝图转变为实际行动,为人类发展作出贡献。

人工智能技术的迅速发展,深刻改变了人类社会生活。《新一代人工智能发展规划》提出了五种人工智能的技术形态,即从数据到知识到决策的大数据智能、从处理单一类型媒体数据到不同模态（视觉、听觉和自然语言等）综合利用的跨媒体智能、从"个体智能"研究到聚焦群智涌现的群体智能、从追求"机器智能"到迈向人机混合的增强智能、从机器人到智能自主系统。

中国工程院于 2015 年批准潘云鹤院士主持的"中国人工智能 2.0 发展战略研究"重大咨询项目,《建议我国启动"中国人工智能 2.0"重大科技计划》于次年提交。在科技部领导下,中国工程院组织了 220 多名人工智能专家参与编制了国务院于 2017 年 7 月发布的《新一代人工智能发展规划》。"新一代人工智能"成为第 16 个"科技创新 2030—重大项目"。随后,浙江大学主持编制了教育部于 2018 年 4 月发布的《高等学校人工智能创新行动计划》。

"未来五年人工智能的重点是突破基础理论研究,推动技术与应用达到世界领先水平。"潘云鹤院士介绍,中国《新一代人工智能发展规划》不仅包括了与人工智能有关的科学研究和技术手段等内容,而且为人工智能人才培养和伦理道德制定提供了指导,以培育人工智能生态。"目前,在大学、政府和产业之间正在形成一种协作创新生态体系,以推动新一代人工智能发展。"

人工智能是犹如内燃机一样的"使能"技术,具有赋能其他技术的潜力。"相信在不久的将来,新一代人工智能将对互联网消费、自动驾驶、智能医疗、智能物联等有突出的赋能作用。"潘院士介绍,将来有一天,智能物联网将拥有真正的对话功能,我们的临床诊疗流程或许会改变,新的自动驾驶解决方案将不断满足未来的移动需求。"这些'不可能'都将随着人工智能研究的不断深化而变成'可能'。"

浙大夯实人工智能人才培养生态

说到浙大的人工智能,可谓"历史悠久"。1978年在创建计算机系时,创系者何志均先生就将"研究人工智能理论、设计新型计算机"列为建设方案第一条。同年,招收了第一批人工智能研究方向的五名硕士研究生,开始了人工智能方向的研究。"致天下之治者在人才,成天下之才者在教化,教化之所本者在学校",在40多年的发展历程中,浙江大学始终将人工智能人才培养作为使命担当,矢志前行。

2018年,人工智能省部共建协同创新中心(浙江大学)批复成立,其重要任务是以人工智能为桥梁,推动浙江大学学科交叉,激发技术创新,赋能场景应用,培养人工智能领域高层次交叉人才。

2019年4月,浙江大学相继获批人工智能本科专业和人工智能交叉学科。至此,学校在人工智能本科和研究生层次的育人载体已经形成,即形成了从本科生到研究生"人工智能"及"智能+"人才培养完整体系。

全链条的育人生态如何打造?

2020年7月1日,"智海:新一代人工智能科教平台"揭牌,平台将与浙江大学信息技术中心以及相关企业合作,以人才培育、科技创新为使命,深度聚焦人工智能技术创新、人工智能人才培养与生态建设。2020年上半年新冠疫情期间,238名浙江大学计算机学院三年级本科生以及247名其他专业学生通过"智海:新一代人工智能科教平台"的初期系统"Mo"平台完成了"人工智能"课程的学习。

2020 年 9 月,浙江大学人工智能本科专业图灵班 60 名学生的课程"人工智能基础"以及 1110 多名电子信息硕士研究生的课程"人工智能算法与系统"在浙江大学信息技术中心支持下全面使用这一平台,共同打造人工智能领域科教融合平台。

教材是人才培养中的重要环节。2018 年 3 月,高等教育出版社联合国家新一代人工智能战略咨询委员会在北京组织成立了"新一代人工智能系列教材"编委会,由潘云鹤院士担任编委会主任,郑南宁院士、高文院士、吴澄院士、陈纯院士和林金安副总编辑担任编委会副主任委员。"新一代人工智能系列教材"是高等教育出版社"十三五"至"十四五"期间重点打造的教材系列之一。

潘云鹤院士为系列教材撰写了序言,希望"编写具有中国特色的人工智能一流教材体系,建设在线开放共享课程,形成各具优势、衔接前沿、涵盖完整、交叉融合的教材体系,为人工智能各类型人才培养作出应有贡献"。

教材编写工作进展顺利,浙江大学计算机学院吴飞教授、陈为教授和孙凌云教授分别编写的《人工智能导论:模型与算法》、《可视化导论》和《智能产品设计》首批 3 本教材已经出版,并且在"爱课程"(中国大学 MOOC)建成"慕课",先后有 12 万多人学习。"智海:新一代人工智能科教平台"会为新一代人工智能教材提供算法实训,让学习者体会人工智能具能、使能和赋能,从算法层面对人工智能技术"知其意,悟其理,守其则,践其行"。通过实训平台搭建,将理论知识转化成赋能应用,促进人工智能人才培养与国家、行业和企业需求的紧密结合。

在交叉变革中赋能场景应用

中国目前有超过 10 亿互联网用户,给人工智能应用创造了无限市场,而人工智能可谓"至小有内涵,至大可交叉",具有多学科交叉、渗透力和支撑力强等特点。

无须被告和原告到庭,通过对语音、图像、视频和文本的分析与处理,就能够开展实时性发文、结果预判和裁判文书生成。完成这一连串审判行为的是浙江大学计算机学院、光华法学院与阿里巴巴达摩院、浙江省高级人民法院合作研发的智能审判系统——"小智"机器人。

2019年9月,"小智"首次在杭州市上城区亮相,仅用30分钟就审理完毕金融借贷纠纷案件,为司法智能化技术创新提供严谨逻辑、公正解释、公平判决。

在浙江大学,人工智能赋能经济社会发展的成果不断涌现。知识计算引擎被广泛应用于咨询研究、中草药以及工程科教图书等多个专业知识服务系统。智能经济计算帮助德清实现从传统熟人招商转向以大数据与人工智能驱动招商的智能模式。浙江大学计算机学院与阿里巴巴达摩院团队还立足短视频分析与理解,不断打磨和落地大数据驱动与知识引导的互联网经济认知智能计算平台,从微观、介观和宏观三个层次来理解经济行为,建立起人工智能与经济相互融合的理论和方法。

在毕业季,浙江大学还推出智能篆刻系统与平台,"所见即所得"的一站式平台有效降低篆刻认知门槛,提升篆刻创作体验,弘扬、赋能我国传统文化、艺术新发展,其生产的人工智能姓名印章成为浙江大学学子的毕业定制礼物。

（文：柯溢能 吴雅兰）

让人工智能更加智能

如果你输入一段文字"我喜欢小米",计算机能分析出小米指的是手机还是一个人吗？

计算机能根据高中生的历年成绩与特点,提供填报高考志愿的建议吗？

计算机能提供购房、买车的建议,能帮人打官司吗？

…………

这些年来,人工智能的迅速发展深刻地改变着人类社会生活,但是我们仍然时不时发现人工智能还有很多不够"聪明"的地方,甚至会有些懊恼:"怎么就不能明白我的意思呢？怎么就得不到我想要的结果呢？"

浙江大学召开 OpenKS(知目)知识计算引擎开源项目发布会,学校与合作单位研发的 OpenKS 知识计算引擎取得重大进展,有望解决"人工智能不够智能"的问题。

中国工程院院士、国家新一代人工智能战略咨询委员会组长、浙江大学计算机学院教授潘云鹤说,本次发布的 OpenKS 作为知识计算引擎项目中的基础软件架构,定义并丰富了知识计算的内涵,这种从跨领域知识自动归纳与迁移,到可泛化的知识演化与协同推理,再到永不停息的自主知识学习与计算服务的思路,将会加速众多知识密集型行业向智能化过渡的过程,是我国在大数据人工智能方向的又一次有益尝试。

将大数据转化成结构化信息

在学习、工作中,我们常会接触到表格和文档两种工具。比如,我们在录入个人信息的时候,可以在表格中设计好表头,按条目分别输入姓名、年龄、出生地等信息,计算机能够很容易地读取这些信息并加以整合、应用。而如果用一段文字"小 A 于 1982 年出生在杭州"来描述的话,计算机读取信息的时候可能就会"蒙圈"。

为什么?因为表格是有结构的,而文字是非结构性的。对于目前的人工智能来说,非结构性数据只是数据,还不是知识,更不能被用于决策。

其中关键的原因就是数据与知识之间的转化还不是很顺畅。在没有"学习"之前,计算机不知道西湖区是杭州的一个城区,无法判断一个名词是人名、产品名抑或是公司名,而视频也只是一段数据流。

为了解决这个难题,2019 年 12 月,以浙江大学计算机学院庄越挺教授作为首席科学家的科技创新 2030—"新一代人工智能"首批重大项目——"可泛化的领域知识学习与计算引擎"正式启动。

该项目由浙江大学牵头,联合北京大学、北京航空航天大学、哈尔滨工业大学、西北工业大学、之江实验室等顶尖学术机构,以及百度、海康威视、同盾科技、科大讯飞等行业领军企业,旨在建立一整套可服务于知识密集型行业共性需求的知识计算工具、算法与系统,帮助这些行业快速地构建行业知识图谱,提供行业相关的智能规划与决策支持。

目前,经过各课题组的深入研究和课题间的紧密协作,基于百度飞桨深度学习框架,团队共同研发了可用于支撑各行业知识服务系统构建的 OpenKS 知识计算引擎算法库。"目前 OpenKS 已基本支持知识学习与计算全流程主要任务,涉及非结构化数据集与知识图谱载入、多模态数据知识抽取、知识表征、分布式知识学习与计算、知识服务与智能应用等环节模块。"庄越挺说。

帮助行业快速建立知识图谱

新一代人工智能中,知识图谱作为最重要的知识表示方式,已成为研究热点。知识的自动发现,知识图谱的构建、演化和协同推理是知识计算的核心技术,而融合数据、算法与人类智慧,协同一体的大规模分布式知识计算引擎则是实际应用的关键。

"简单地说,知识图谱就是对信息的结构化表达,比如把一篇文章'改成'一个表格。"庄越挺说,从全社会来看,众多知识密集型行业,如安防、金融风控、智慧城市、工程教育等均有着从海量数据中构建知识图谱并基于此进行快速决策的共性需求。然而,目前的人工智能技术在应对上述共性需求时,并没有通用、完整的解决方案,也无法同时解决数据不全、预测不准和计算不快等应用挑战,"这极大地制约了知识密集型行业的智能化改造"。

团队研发的 OpenKS 知识计算引擎算法库的一个重要功能就是从数据中提炼出知识并在此基础上做出决策。比如,在气象预报系统中,搭建地名、气象术语等知识库,让人工智能"学习"之后能够读取、检索、推理。

项目主要参与人员、浙江大学计算机学院教授肖俊介绍说,OpenKS 知识计算引擎算法库集成了大量算法和解决方案,提供了一系列知识学习与计算的多层级接口标准,可供各机构研发人员以统一的形式进行算法模型研究成果的封装、集成与服务。

以工程科技教育行业为例,目前我国存在很大的工程人才缺口,然而工程科技门类众多、知识体系繁复、知识点之间关联复杂、教材层次各异给自学带来了门槛;同时,学生背景各异、学习目的各异,统一培训效率低下。OpenKS知识计算引擎包含的知识抽取算法API(应用编程接口)、知识表征学习API、分布式知识计算API、知识图谱应用API可为工程科教构建工程科教知识图谱,并基于图谱为不同的学生设计个性化的教育路线,满足差异化学习的需要。

"第一阶段我们的主要工作是算法库和知识图谱的搭建以及分布式计算。"项目主要参与人员、浙江大学计算机学院副教授汤斯亮演示了一个简单的小程序,当我们输入商品信息后,这套系统能自动识别、整理,最终生成一条商品推介。

开源式打造"木匠的工具间"

目前,这套系统已经应用到了多个行业领域。比如,在产业链的梳理中,系统帮助建立行业中上下游各企业的知识图谱,寻找生产的薄弱环节或是缺少的零部件。

而且项目的研发过程采用了开源机制,支持企业和社区开发者根据不同的场景需求对接口服务进行调用和进一步开发。也就是说,各行各业可以选择引擎中的算法,快速地搭建行业系统应用,以应对多变的决策需求。当行业与需求发生变化,系统也能够及时地提供算力、算法支撑,以缩短行业智能化改造的时间。这样的计算引擎能源源不断地产生各个行业的知识,进而碰撞产生新产业、新业态和新模式。

"打一个比方,我们是打造了一个'木匠的工具间',里面有锯子、刨子、榔头、钉子等各种工具,桌子、柜子这些常用的家具,系统可以帮忙做,如果是个性化的需求,'木匠'也可以在工具间里利用我们提供的这些工具来自己做。"庄越挺说,在项目的研发过程中,行业专家、算法开发者和用户都发挥了各自的作用,"达到越用越聪明的效果"。

如何运用大数据智能手段助力区域产业发展升级及科技创新决策呢? OpenKS 给出了新路径和新方法。杭州量知数据科技有限公司以 OpenKS 知识计算引擎为内核,研制了 SuperMind 智能计算平台,借助大数据智能技术和人机协同方式,从资讯、研报、专利、企业信息等海量非结构化数据中实现关键知识自动发现与抽取,相较于传统的人工方式,最快只需一周即可构建完成高质量的产业链及创新链知识图谱,全方位展示关键要素,深入分析区域产业优势和短板,辅助推理决策,目前已服务于浙江省全球产业链精准合作招商平台、浙江省产业链数据中心和浙江省三大科创高地关键核心技术攻关数字化平台等项目,应用效果良好。

目前 OpenKS 项目已经并正在融合吸收来自跨媒体知识图谱构建、知识表征推理、可泛化协同求解、自适应学习中间件等方面的优秀成果,形成了一系列拥有自主知识产权的发明专利与软件著作产权,发表了一系列高水平学术论文。在后续项目的实施过程中,项目组将持续推动知识计算引擎的研发,让 OpenKS 知识计算引擎项目更好地为行业赋能,助力各类传统行业基础设施的智能化改造。

（文:吴雅兰 柯溢能）

"反弹"模型揭秘太阳系的"童年"

行星是如何诞生的？太阳系又是如何演化的？当我们望向深邃的太空时，总会感叹如斯。

通过研究行星家族中的"大兄长"——木星、土星、海王星、天王星，从它们的动力学变迁"管中窥豹"，可以求索太阳系的成长历程。浙江大学物理学院刘倍贝研究员与法国波尔多大学的雷蒙德教授、美国密歇根州立大学雅格布森教授，共同提出太阳系巨行星轨道演化的新模型。他们指出在太阳系形成初期，原行星盘受到太阳"光致蒸发"作用，盘中气体从内向外耗散，诱发了巨行星轨道的重塑并引起动力学不稳定。

这项成果刊登于《自然》，刘倍贝研究员是论文的第一兼通讯作者，浙江大学物理学院为第一单位。

今与昔，巨行星轨道有何不同？

今天我们所见太阳系的行星轨道，与太阳系"童年"时期有很大不同。太阳系诞生之初，星际空间中的气体分子云坍缩，中心部分形成太阳，残余物质绕恒星旋转形成一个扁平的原行星盘。这个时期也被称为太阳系的"气体盘"时期，行星成长在行星盘内，与盘中气体相互作用，轨道逐渐圆化并向内迁移。学界认为，在气体盘时期，太阳系的土星、木星、天王星、海王星等四大巨行星通过迁移进入轨道共振态，即相邻行星的公转周期呈整数比。

然而，现今四大巨行星的轨道分布更为开阔，巨行星也已脱离了原有的共振状态，学界认为巨行星的轨道经历过动力学剧变。"想象一条车辆正常流通的高架桥，如果有车辆发生碰撞追尾，整个行车的秩序就会被打乱。"刘倍贝说，追寻太阳系早期动力学不稳定的原因，是学界非常关注的问题。

早或晚，巨行星轨道动力学不稳定何时发生？

描述太阳系巨行星演化当前最流行的是 Nice 模型，因模型创立者来自法国尼斯蔚蓝海岸天文台而得名。Nice 模型认为：轨道不稳定发生在太阳系诞生数亿年之后，那时，原行星盘气体耗散，巨行星与外部的星子盘（由直径为数公里到上百公里的星子组成）相互作用，不断交换轨道能量，最终使得行星摆脱共振束缚并引发动力学不稳定。由于该过程能量交换十分缓慢，轨道不稳定属于太阳系诞生数亿年之后的"晚期不稳定"。

刘倍贝团队提出可以用气体盘的耗散来解释行星轨道的演化，这是先前模型没有考虑到的因素。刘倍贝指出，前人的研究忽略了气体盘耗散过程中行星受到反向的气体作用力。"在气体盘演化的晚期，太阳辐射的高能光子直射行星盘，形成的强劲光压首先吹散了靠近太阳的气体，行星盘内部出现了中空的结构。后续光压由内向外逐步驱散盘中剩余气体，行星盘质量伴随着盘内边界向外扩张而减小，这个过程被称为行星盘的光致蒸发。"刘倍贝说，这时太阳就好比一个巨型吹风机,不断"吹"走盘中的气体。

刘倍贝团队通过理论计算发现,由于内边界处气体的快速耗散,行星在该处受到向外的气体作用力,这与行星在盘的其他位置受到向内的力截然不同。当气体盘内边界由于光致蒸发向外扩张时,原本向内迁移的行星改变运动方向,随内边界共同向外移动。"这个过程就像打羽毛球,挥拍击打来球,羽毛球改变原有轨迹,反弹后随着拍面一起向外运动。"巨行星由于质量不同,向外迁移的速度也不同,从而打破原轨道共振态并引发了动力学不稳定。

早期轨道的动力学不稳定,导致原初的四大巨行星与另一个冰巨星在气体盘耗散时经历了大幅度轨道变化,冰巨星与木星近碰后被甩出了太阳系,达到稳定的四大巨行星最终的轨道分布与现今的观测吻合。

"我们的研究表明,该过程导致的动力学不稳定紧随着气体盘耗散,在太阳系诞生后 500 万到 1000 万年间发生。有别于 Nice 模型,我们的模型中巨行星轨道不稳定发生的时间更早。"刘倍贝说。

月球和地球,来自太阳系其他天体的证据

巨行星轨道演化对包括地球在内的其他行星、卫星和小天体的演化,地球生命的起源、宜居特性等多方面影响深远。用传统的 Nice 模型与刘倍贝团队提出的"反弹"模型推演太阳系的"童年",最明显的差异在于动力学不稳定发生的早晚,前者认为是"晚期不稳定",而后者认为是"早期不稳定"。

"我们能从月球陨石坑的年龄找到新的佐证。"刘倍贝介绍,巨行星动力学不稳定会打破太阳系原有的平静,它们强大的引力扰动迫使周围小天体不断撞向其他行星和卫星,并在星体表面留下陨石坑。

"月球陨石坑有着广泛的年龄分布,小行星撞击事件随时间自然衰减,这也与我们团队提出的早期不稳定模型研究更吻合。"

此外,类地行星的轨道也支持刘倍贝团队的"反弹"模型。根据观测,原始地球形成于原行星盘阶段,在太阳系诞生后 3000 万至 1 亿年间最终长成。如果不稳定发生在地球完全形成之前,巨行星轨道动荡有概率触发大碰撞事件,诱发原始地球与一个火星大小的天体相撞,逐渐形成现今的地月系统,"而 Nice 模型所预期的不稳定发生在地球形成之后,地球就不能成为今天的地球"。刘倍贝说:"早期动力学不稳定更符合来自太阳系其他天体关于小行星撞击时间的记录。新模型也可以更好地解释后续形成的类地行星的质量和轨道构型,这些均为其有别于传统模型的优点。"

论文审稿人对这一研究给予了评价:"该模型很可能是太阳系演化理论中缺失的成分,文章新颖且意义重大。"刘倍贝表示,未来团队会进一步探究巨行星轨道演化对地球形成及其水起源的影响等问题。该工作得到国家自然科学基金面上项目和浙江大学"百人计划"启动基金的资助。

(文:柯溢能)

应对全球PM2.5污染，氨气减排更有效

随着全球性气候变化，PM2.5导致的污染再次进入公众视野。全球许多国家和地区都把PM2.5污染防治列为环境保护的优先事项。以往大家谈论较多的是其中的硫元素，随着环保研究的不断深入，作为PM2.5另一重要"元凶"的氮元素也引起了越来越多的关注。

在长达四年多的研究中，浙江大学环境与资源学院"百人计划"研究员谷保静联合国际团队，首次分析了氨气（NH_3）和氮氧化物（NO_x）在全球PM2.5污染形成中的"贡献"（N-share）及其健康效应，并结合模型分析控制氮排放来减缓PM2.5污染健康效应的路径和成本。研究发现，在全球PM2.5污染治理中，氨气减排比氮氧化物减排更有效。

这一研究成果刊登在国际顶级期刊《科学》上。论文第一和通讯作者为浙江大学谷保静研究员，北京大学张霖研究员和英国生态水文中心马克·萨顿（Mark Sutton）教授为论文的共同通讯作者。

一把让人又爱又恨的双刃剑

氮元素跟我们的生活密切相关，大气中的活性氮主要包括氨气（NH_3）和氮氧化物（NO_x）两类，而这两者恰恰就是形成PM2.5的重要前

体物。氮氧化物主要来自城市生产活动,氨气则主要来自农业生产活动。

自从 20 世纪 20 年代有了工业合成氨,化肥应运而生,农民们得以彻底摆脱了"靠天吃饭"。氮肥在农业生产中贡献很大,有数据显示,其贡献率可以达到 50% 左右,对全球粮食生产发挥着重要作用。

"之前普遍认为 PM2.5 污染主要来自城市。其实,氨气主要来自农村,但是也会传输到城市,与氮氧化物、硫等元素反应产生 PM2.5,造成空气污染。"

氮元素就是这样一把让人又爱又恨的双刃剑。有数据显示,全球氮排放带来的 PM2.5 污染导致人类总生命年损失(因病早亡与预期寿命之间的差值)从 1990 年的 1950 万生命年增加到 2013 年的 2330 万生命年。怎样在合理范围内对氮排放进行有效控制呢? 第一步就是要准确评估出氮元素对空气污染的影响。

然而,氮元素不像碳元素对气候变化影响那样全球"通行",相对来说受各国气候条件、人口密度等影响大而显示出较强的区域性,目前还没有一套全球统一的评估体系,亟须一种通用的方法来比较不同国家(地区)氮排放带来的健康影响,为在全球范围内通过氮元素管理控制 PM2.5 污染提供科学依据。

氨气减排性价比更高

谷保静等研究人员利用 GEOS-Chem、EMEP-WRF 和 TM5-FASST 大气化学传输与健康效应估算模型,分析氨气和氮氧化物在全球 PM2.5 污染形成中的"贡献"(N-share)及其健康效应,并结合 GAINS 模型分析控制氨排放来减缓 PM2.5 污染健康效应的路径和成本。

谷保静团队的研究表明,氨气对 PM2.5 的影响力是被低估的:"过去在计算污染物的重要性时常常从质量占比的角度去分析,这让质量占 PM2.5 总质量不足 10%的氨被严重忽视。为此,我们以化学反应的摩尔占比来重新考虑问题。通过数据模型,我们发现当氮元素排放为 0、不参加所有化学反应时,PM2.5 会下降约 40%。"

同时通过计算,联合研究团队还做出了健康效率模型和生命损失金钱估算,首次构建了 N-share 指标量化全球不同国家氮排放对 PM2.5 健康效应的"贡献",发现在全球 PM2.5 污染治理中,氨气减排比氮氧化物减排更有效而且成本更低。

"传统的研究被割裂在各自的学科领域内,这样很难从策略上看清,我们团队成员学科背景各不相同,可以通过交叉研究的方式把几个方面结合起来一起考虑,从而找到更恰当的分析方法。"

对于下一阶段的控氮,谷保静认为,在现有控制氮氧化物排放的基础上,加大对氨气排放的控制,对缓解 PM2.5 空气污染具有重要意义。"要引导空气治理从以城市为主转为城乡协同。具体来说,一方面可以通过推动种植业的规模化以促进优化施肥,这样估计能够减少三分之一的化肥使用量和一半左右的氨气排放;另一方面,要在养殖场周边配套农田,以便有机肥能直接用于农田,避免堆积后氨气排放到空气中。"

《科学》杂志社同期还邀请了国际氮素研究领域知名教授扬·威廉·厄里斯麦(Jan Willem Erisman)以"氨如何供养以及污染这个世界"为题进行专题评论,指出当下减排氨气比之后再去应对其后果更加便宜。

《科学》资深编辑杰西·史密斯(Jesse Smith)教授评论该研究"小东西更重要"(little things matter),意指氨气分子虽小,但是作用却很大。

(文:吴雅兰 柯溢能)

揭秘雄性昆虫"恋爱"密码

昆虫起源于约 4.8 亿年前,是地球上最繁盛的动物类群,已被描述的种类超过 100 万种,占所有动物种类的 50％ 以上。这个古老的动物类群在发育、行为、社会性、生态等方面展现出极其丰富的多样性,是地球上最"成功"的动物类群。

讲到昆虫的遗传,一般认为昆虫的基因是从其父母直系遗传得来,但许多微生物在与昆虫共生时,会悄悄将其基因传递给昆虫。这类跨物种的基因交流,即水平基因转移(HGT)常常被科学家忽视,那么昆虫如何获得"飞来"的外源基因? 这些基因对昆虫的生存有什么样的影响呢?

经过多年研究,浙江大学农业与生物技术学院昆虫科学研究所指出,昆虫基因组内存在大量的水平转移基因,并发现"飞来"的外源基因对昆虫求偶起到重要作用。

这项研究刊登在国际顶级期刊《细胞》(*Cell*)上,浙江大学农业与生物技术学院研究生李杨、刘志国、刘超为共同第一作者,浙江大学农业与生物技术学院沈星星研究员、黄健华研究员,美国范德堡大学安东尼斯·罗卡斯(Antonis Rokas)教授为共同通讯作者,陈学新教授给予大力支持和帮助,陈云教授、潘荣辉研究员、周文武研究员等也参与了本研究。

"火眼金睛"精准识别水平转移基因

"经过几亿年的进化,昆虫到底获得了多少水平转移基因?"带着这个科学问题,研究人员开展了大规模的水平转移基因鉴定和筛查。

研究人员对 218 个高质量的昆虫基因组开展系统分析和研究,这些昆虫种类包括多种蝴蝶、蛾类、甲虫、飞虱、蜜蜂等,并对近 50 万个基因样本进行了大数据分析和筛查。"过去也能看到零星的水平转移基因研究,但是如此大规模研究实属罕见,而且该研究还开发了一种更高精度的筛查算法。"《细胞》的一位匿名评审专家指出。

本研究共鉴定获得 1410 个外源的水平转移基因,许多都是首次报道。平均而言,鳞翅目(如小菜蛾、黑脉金斑蝶等)获得 16 个 HGT 基因/物种,半翅目(如褐飞虱等)获得 13 个 HGT 基因/物种,鞘翅目(如赤拟谷盗等)获得 6 个 HGT 基因/物种,膜翅目(如西方蜜蜂等)获得 3 个 HGT 基因/物种。从基因来源来说,79％的水平转移基因从细菌中获得,13.8％从真菌中获得,2.6％从病毒中获得,3％从植物中获得,剩下 1.6％的来源未知。

水平转移基因适应进化成为昆虫基因组的"成员"

那么历经几亿年,这些外源基因在昆虫体内为何没有被清理掉,能够在昆虫基因组中"扎根"呢?

"我们发现水平转移基因伴随着昆虫适应性进化,它的基因结构和功能也随之变化,在进化过程中,它们从受体昆虫基因组中获得了多次重复的内含子(intron),从而免于被昆虫清除掉,达到'存活'在昆虫基因组上的目的。"沈星星说。内含子的获得，一方面使水平转移基因的长度增加，达到其他昆虫自身基因的平均长度；另一方面使得水平转移基因的表达水平上升，有利于更好地发挥它们的生物学功能。

"成人之美"揭示昆虫繁衍的新奥秘

这1410个水平转移基因经过岁月的冲刷，在昆虫体内到底发挥了什么作用？研究团队于是对这些水平转移基因开展了功能分析和验证研究，取得了令人振奋的发现。

黄健华介绍："我们选择小菜蛾进行基因编辑，一方面是因为小菜蛾是全球范围内蔬菜的重大害虫，对于甘蓝、白菜、油菜、西兰花等十字花科作物危害非常大，每年都造成巨大损失；另一方面，团队近二十年来一直开展小菜蛾的生物防治研究，在实验室内建立了纯合的小菜蛾野生型饲养体系，便于基因功能验证。"

研究人员首先对占比最高的水平转移基因包括 LOC105383139（蛾类与蝴蝶均获得该外源基因）开展了系列功能研究。利用 CRISPR-Cas9 基因编辑技术获得了 LOC105383139 敲除的突变体，发现从李斯特菌（Listeria）中获得的水平转移基因 LOC105383139 对雄性小菜蛾成虫具有特殊作用。

研究人员惊奇地发现，相比野生型小菜蛾，突变体小菜蛾后代数量减少了约70%，但是突变体小菜蛾的生长发育，如体长、取食、生殖器官等均未受到影响。那么是什么原因导致突变体小菜蛾后代数量急剧减少的呢？研究人员通过行为学实验进一步验证，发现突变体小菜蛾雄虫对雌虫的求偶欲望显著地降低了，也就是说，一旦缺少这个基因，雄虫的求偶能力就急剧下降。至此，本研究证实了水平转移基因 LOC105383139 有助于增强雄虫对雌虫的求偶行为，发现了细菌帮助昆虫求偶的"成人之美"新机制。这也是水平转移基因影响动物求偶行为的首次报道。

对于这项研究的前景,沈星星介绍:从研究中,我们发现了昆虫繁衍的"新钥匙",这为未来重要农业害虫的绿色防控提供了新思路,这种导致昆虫后代数量急剧减少的机制,对于寻找害虫控制的新靶标和关键环节具有重要而深远的现实意义。

本研究还提供了高质量的昆虫水平转移基因资源库,这些资源将有助于其他研究者开展昆虫水平转移基因的生物学功能研究。此外,本研究发现的水平转移基因进化模式也为生物多样性等研究提供了重要的新视角。

（文：柯溢能）

云冈石窟迈出"行走"世界第一步

进入云冈石窟第十二窟，美轮美奂的造像、庄生天籁的境界、博大精深的内涵，让观众无不为这场石壁上的大型音乐会所震撼。

不过这回，令人发出感叹的景致，并不在山西大同西郊的武周山，而是在浙江大学艺术与考古博物馆。由浙江大学与云冈石窟研究院合作的全球首例可移动3D打印复制洞窟在浙江大学成功落成，并率先向校内师生开放。

多年来，浙江大学文化遗产研究院与云冈石窟研究院联合项目组攻克了数据采集处理、结构设计、分块打印上色等多项技术难关，古老的世界文化遗产云冈石窟迈出"行走"世界的第一步。

记录：为什么是云冈石窟第十二窟？

世界文化遗产云冈石窟位于山西省大同市。它依山开凿，东西绵延，距今已有1500余年的历史。作为我国最大的石窟之一，云冈石窟与敦煌莫高窟、洛阳龙门石窟、麦积山石窟并称为中国四大石窟艺术宝库。

在云冈石窟现存的45个主要洞窟中，第十二窟又名"音乐窟"，前殿后室，入深14米，宽11米，高9米。这个石窟开凿于五世纪，其中雕刻的天人形象和中外乐器展现出音乐风尚与时代风貌，这些"天人"也是我国古代最早的宫廷交响乐团，在中国音乐舞蹈史上具有极其重要的地位。

如何让不可移动的文物进行可移动展示，让更多人领略中国星汉灿烂的文明？

2016年8月起，浙江大学文化遗产研究院与云冈石窟研究院合作，对第十二窟进行高保真三维数字化数据采集。合作团队采用浙江大学探索出来的一套三维激光扫描与摄影测量融合构建文物三维模型的解决方案，前后历时3个月，对第十二窟进行了52站三维激光扫描，并拍摄了55680张照片。之后，经过摄影测量计算和人工交互三维处理，合作团队成功建立了第十二窟的高保真彩色三维模型。

这种记录方式，永久地保存了云冈石窟及其珍贵的文物信息，留下了高精度三维数字化档案。浙江大学文化遗产研究院副院长李志荣说，对文物进行数字化记录，为其建立翔实的数字档案，是文物保护的重要手段之一，而打印呈现本身的实现，则表明数字化记录达到了考古记录，特别是测量记录的最高标准。这是实现云冈石窟"活起来"和"走出去"，使公众能够一览并穿越历史繁华的基础。

记录难在哪儿？

云冈石窟的洞窟和造像空间巨大，高浮雕、浅浮雕等各种雕刻手法应用纯熟，各种遗迹空间深度尺度复杂，扫描和测绘难度高。从技术上看，用浙江大学文化遗产研究院副院长刁常宇的话说，对第十二窟的数字化采集触及了这个领域的"天花板"。

海量的高精度三维扫描数据采集和大量的分析计算是数字化记录中的"拦路虎"。刁常宇介绍，如此大体量的数据无法在一个软件系统中处理,因此要根据石窟的结构进行分块处理。就好像一张 A4 的图片,我们用普通的软件就可以打开;但当这张图片有 20 平方米那么大时,电脑的内存不够,普通软件也打不开这张图片。"说说简单,但做起来不容易,怎么切分? 切块的设计如何与支撑骨架吻合? 最后又怎么拼成整体? 每一步都是难题。"

再造: 复制难在哪儿?

如果说拆开来分块难,那么合在一起数据拼接也非常考验分块间的空间精度。浙江大学团队将误差尽可能地解决在设计中,最终实现三维重建误差小于 2 毫米,色彩还原度达到 95% 以上。

万丈高楼平地起,这是人们对垒砌的一般概念,从下往上地搭建是最常用的方式。但是在 3D 拼装的过程中,任何一个小的误差都会导致错位,甚至导致最后无法安装。合作团队另辟蹊径,选择了从上往下安装的策略,把误差往下压,用刁常宇的话说,"把累积误差留给开口的位置,误差就被消化掉了"。

分体式 3D 打印,团队是"第一个吃螃蟹",此前没有先例,也没有技术成形的路径,需要边摸索边突破。承担成型加工的美科图像(深圳)有限公司为解决单次成型体积较小的问题,专门研发了可以打印 1 米×1 米×1.2 米的大型 3D 打印机,确保一次打印成型,运用 3D 打印铸模技术复制文物本体的所有细节。

实现了形的打印,但是色的赋予怎么办?

3D 打印用的是高分子材料,固化成型后,还没有具备石材的质感,但是通过"赋色"环节,就能填补缺憾。这里的"色",是指文物的材料、质感、颜色等综合历史信息,通过这一环节,数字模型才能实现"原真",才能呈现历史与沧桑。李志荣说:"质感的重要性体现在哪里?

游客走进复制窟的时候，他的潜意识不能告诉他是走进了塑料堆里，不能有这个感觉。"

当前各类 3D 着色或 3D 打印技术都无法在赋色的同时营造指定的质感。经过几年的比对实验，合作团队还是决定采用人工上色的方法，以寻求最大程度的原真再现。选择人工上色来完成云冈复制窟的制作，也同时拥有了上色的自由。团队认为，既然有了可以变化的选项，为什么不能变上一点？只要这个变化是有依据的。

经过论证，合作团队提出了大胆的上色方案建议，而不是与现存的十二窟"一模一样"。云冈石窟研究院最终决定赋色的具体操作方案，是将科学数据与专家对文物的理解综合起来一起考虑。"纯技术没有答案，必须在考古学的指导下来制定赋色方案，比方说，现存石窟中的颜色与过去的颜色有什么关系，哪些是有依据的变化。"

李志荣也认为，这项工作从一定程度上说是"再造"一个石窟，是一个石窟的展示品，而不是把石窟切下来搬出来。在她看来，复制的过程是一种复原研究。在色调的鲜与暗上，团队选择了洞窟刚诞生时的鲜亮，而没有采用现存石窟雕像的煤灰色，但是在洞窟的风化上，他们认为这是不可抗的自然之力给予的，不需做调整，同时把人为的破坏痕迹也留了下来。"我们将与时间有关的有效的核心信息全部都保留下来。这个取舍是当代人的认识结果，不是消极的拷贝，而是一个再造的过程。"

云冈石窟研究院美术工作团队依照古法用矿物颜料为面积大约为 900 平方米的复制窟上色，历经 8 个月的时间，终于完成了对第十二窟形色具足的复制。据了解，通过手工在现代材质基底上"装銮绘色"来恢复如此规模的石窟样貌，也是文物界有史以来的第一次。

行走：数字如何开启一个新世界？

20世纪早期著名建筑学家梁思成的第一次山西之行，还留有对云冈石窟的思考。他说：在云冈石窟中可以清晰地看到，这种不同民族文化的大交流，赋予我国文化以旺盛的生命力，这是历史上最有趣的现象，也是近代史学者最重视研究的问题。

云冈十二窟窟前的石柱，一面已被岁月风蚀，另一面则清晰可见往日的繁盛。通体看是罗马柱，但仔细看还有印度的文化元素，柱子顶端又是中国的栌斗样式。这样的东西融合，正是世界文明长河中的璀璨明珠。

那么远在山西的云冈如何得以"东来"？

浙江大学创新性地使用了"积木式"的新技术和制作方法，开创了文物艺术品展览便捷运输、安装、展陈的新模式。

目前复制成功的第十二窟由110块2米见方的"积木块"分6层组装而成。这些"积木块"总重量大约2吨，8辆标准集装箱车就可以装得下，拉运自如，行走天下，一周时间即可组装完成布展。

团队介绍说，"说走就走"的展览结构为轻质铝合金框架，分体式半自动化安装。现场无须搭建传统的脚手架，低空作业组在地面上组装好一层再吊到顶部安装，整个过程就像由上往下搭积木，提高了装配效率，缩短了安装周期。

欣赏石窟之美，重现昔日荣光。数字化让收藏在博物馆里的文物、陈列在广阔大地上的遗产、书写在古籍里的文字都"活"了起来。

沉浸在三维数字化重构的云冈石窟中，人们被庞大的数据包围，掩藏在人的视网膜背后的是高清细致的"0"与"1"。

浙江大学艺术与考古博物馆常务副馆长楼可程说："云冈石窟第

十二窟是浙江大学文化遗产研究院与云冈研究院合作的一个很好的例子,也是科技与艺术结合的典范,科技因艺术而获得灵感、充满创造力,艺术因科技而获得新生与传播。"

"这是行走的石窟,永不落幕的丝路音乐厅。"有关专家表示,该项目的完成标志着我国在文化遗产数字化保护及传承利用中实现了多方面的技术突破,开创了中国文化遗产数字化保护及传承利用新的里程碑。

(文:柯溢能 吴雅兰)

解密塔克拉玛干沙漠深处的古代文明

在遥远的塔克拉玛干沙漠,曾出土织有"五星出东方利中国"篆书的国家一级文物,这被誉为20世纪中国最伟大的发现之一。尽管已有物证证明,然而在被译为"进去出不来的地方"的茫茫沙漠——塔克拉玛干,历史上是否曾真的适合人类生存?

浙江大学地球科学学院杨小平教授带领团队综合运用第四纪地质学、地貌学等学科的研究方法,发现塔克拉玛干腹地曾是河流所到之处,并较长时间被水体淹没。这也是科学界首次系统阐明塔克拉玛干沙漠腹地曾存在河流与湖泊。

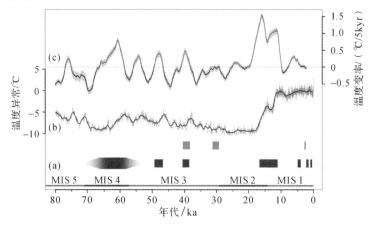

"穷荒绝漠鸟不飞,万碛千山梦犹懒。"这是唐代诗人岑参对沙漠自然景观的描写。地处塔里木盆地的塔克拉玛干沙漠堪称亚洲中纬度干旱区的核心,是全球粉尘的重要源区之一。

从 2015 年开始,杨小平团队就对塔克拉玛干沙漠中西部南北大断面进行了广泛的基于遥感、地貌学及环境地质学的野外考察,同时以沉积地层学为基础,对多个典型的河流-湖泊-风沙沉积剖面进行了全面系统的研究。"85%以上区域为流动沙丘的塔克拉玛干沙漠缺乏连续的古环境记录,在这种复杂的区域的确难以获取有价值的气候变化证据。"

"我们认为:研究剖面中河流和湖相沉积形成于尼雅河流域在地质历史上的水量丰沛时期,彼时地表径流能够深入沙漠腹地,并在沿途留下代表河流和湖泊曾存在的地质证据。"杨小平说。基于 34 个独立的光释光年龄和样品沉积物的古气候代用指标解译,塔克拉玛干沙漠在距今 7 万至 5 万年前、1.7 万至 1.1 万年前和距今 5000 至 2000 年前,经历过三个比较典型的湿润时段。

课题组找到的静水沉积物与尼雅遗址的考古学证据共同说明在约 2000 年前的汉代,塔克拉玛干沙漠南缘的尼雅河能够深入沙漠至少 70 公里,并由此造就了沙漠深处的绿洲,为精绝古文明的繁盛提供了水源保证。

(文:柯溢能)

揭示水稻应对威胁的重要“生化武器”

水稻的“一生”有两大主要的威胁，一个是稻瘟菌，像瘟疫一样令其害病，另一个则是与水稻竞争生长空间的田间杂草。

其中，稗草是与水稻不断较量的“头号敌人”。根据联合国粮食及农业组织（FAO）估计，杂草每年造成的损失高达950亿美元。在适者生存的自然规则面前，水稻也进化出了自己对抗稗草的“生化武器”——稻壳素。这是一种防御性的次生代谢产物，通过根系分泌，进而抑制周边稗草等其他植物的生长。

过去几年里，TiO-es 浙江大学农业与生物技术学院樊龙江教授团队联合日本科学家团队努力攻关，首次揭示了相关基因在基因组上成簇排列是防御性化感化合物稻壳素合成的关键，同时证实了这样的基因成簇进化事件通过趋同进化在植物界已至少独立发生了多次。

这项成果在知名期刊《美国国家科学院院刊》（PNAS）上发表。浙江大学农业与生物技术学院博士生毛凌峰和日本东京农工大学川出洋（Kawaide Hiroshi）教授为该论文共同第一作者，樊龙江教授和东京大学冈田宪典（Okada Kazunori）教授为共同通讯作者。美国弗吉尼亚大学迈克尔·蒂姆科(Micheal Timko)教授、日本帝京大学山根久和(Yamane Hisakazu)教授等共同参与了该研究。

揭秘"杀手锏"稻壳素的产生机制

众所周知,农民为了更好地应对以稗草为主的稻田杂草,需要至少喷打两次除草剂,这不仅会造成农药残留,同时也会污染土壤并增加生产成本。"如果不喷除草剂,到了成熟季节,稻田里就看不到水稻了。"樊龙江介绍。

因此稻壳素的"生化武器"作用对于未来育种具有重要作用,探究稻壳素的生成机制也就显得尤为必要。

目前已知自然界植物中能够产生稻壳素的只有水稻、大灰藓及稗草。中日科学家已分别从水稻和稗草产生稻壳素的机制中发现,基因成簇似乎是必要条件。

何为基因成簇?

就是在同一条染色体上,合成稻壳素的基因比较密集地排列在一起,呈簇状。这就好像一个工业园将上下游产业集聚在一起,方便快速地将原料送到下游进而生产。樊龙江说:"基因簇在进化上有选择优势,可以快速合成,抵御外来的影响。"

那么,是不是要产生稻壳素,就必须基因成簇?课题组于是对尚未了解其机理的大灰藓开展了研究。

中日科研人员通力合作,通过基因组学、酶学和基因功能研究,发现大灰藓基因组上稻壳素合成的相关基因的确同样成簇存在,并参与稻壳素合成。基于对已测序的100多个植物基因组序列的大规模分析,科研人员发现目前在植物界中只有上述三个物种进化出稻壳素基因簇。

樊龙江说,很多植物都进化出了稻壳素合成的相关基因,但是它们都不能合成稻壳素。研究发现,这些物种的基因没有成簇,只是零散地存在于各条染色体上,没有聚集。最后的结论显示,植物合成稻壳素,基因簇的进化很重要。

稻壳素的产生是物竞天择的独立结果

随着研究的深入,中日科学家对稻壳素合成的基因簇进行了更深入的思考:它们是从古老的祖先物种中遗传而来,还是各自独立进化的?

科研人员发现,这是物竞天择的独立进化事件。"也就是说,未来还可能发现具有稻壳素的其他植物。"樊龙江说。

稗草是恶性杂草,竞争力强,若不防治,稻田就是它的天下。

既然水稻和其重要对手稗草都具有杀伤力强的稻壳素,那么在两者的竞争中为什么水稻还会败下阵来?

樊龙江团队早前的研究已经揭示,稗草还有一种"秘密生化武器"——丁布。目前科研人员正在筛选对丁布不敏感,但又能产生大量稻壳素的水稻品种,这将对未来绿色育种产生积极影响。"植物合成大量次生代谢产物,我们的研究对于认识这些物质合成和进化机制具有意义,应该会有广泛的影响。"樊龙江说。

(文:柯溢能)

将大棚布研制成发电机，农业生产有了绿色能源

环境温湿度、光照强度、水分、盐碱度、作物生理指标……这些参数关系着农作物的生长，现代农业通过农业信息智能感知技术便可轻松"一网打尽"。

然而实时监测这些指标需要电力驱动，电力无疑是智慧农业蓬勃发展的"源头活水"。田间地头常常难以铺设管线，而电池续航能力有限，污染风险又比较突出，因此发展农业信息"无源感知"是未来智慧农业的一大趋势。

为更好地解决这一难题，浙江大学生物系统工程与食品科学学院IBE团队平建峰研究员课题组提出了一种简便有效的方法，从农业环境中挖掘自然能源并将其高效转化为电能。课题组首次将摩擦纳米发电机技术应用于农用纺织品，并用于降雨时雨水能的收集，通过能量转化获取电能。

这项研究发表在国际知名期刊《纳米能源》(Nano Energy)上，论文第一作者为浙江大学生物系统工程与食品科学学院2020级博士研究生姜成美，通讯作者为平建峰研究员。

把摩擦纳米发电机装进农用纺织品的纱线里

南方地区经常暴雨成灾,造成农业生产的巨大损失。农用纺织品在大棚设施中最为常见,它能够遮阳挡雨,保护农作物。

如何从农业环境中挖掘能源?

浙江大学科研人员将这两者巧妙结合,通过纱线表面功能化,将摩擦纳米发电机依附在纱线上,织成智能化农用纺织品,利用雨水冲刷时的电子转移与流动产生电流,源源不断地为智慧农业供能。装载摩擦纳米发电机的纱线可以说是智慧农业的"无源活水"。

这个研究的灵感来自一场突如其来的大雨。仲夏时节,一场突如其来的倾盆大雨透过来不及关闭的窗户摧残了窗台边的绿植。这引起了研究人员的思考:"农作物所处的环境只会更恶劣,那么我们就想办法利用它的恶劣。"大棚不仅可以作为作物、动物的"保护伞",还可以作为雨滴能的"收集器"。

实验数据显示,在9.5牛顿的连续力作用下,3厘米长的纱线就能产生7.7伏的电压。

平建峰介绍,未来通过连接储能设备,这些被改造的农用纺织品不仅可以为种植业和畜牧业提供保护,以提高农畜产品的质量与产量,还可以为物联网感知器件源源不断地输送电能,从而开展农业信息的无源监测并实时播报天气状况。

绿色能源在智慧农业中拥有广阔的应用空间

为什么雨滴的能量可以转化成电能呢?

这是因为对农用纺织品的纱线进行了特殊改造,科研人员在其表面覆盖了两层特殊材料——导电的碳化钛纳米材料和不导电的聚二甲基硅氧烷（一种高分子聚合物）。该聚合物能够防水并与环境中的雨水发生电子转移。而碳化钛感应电极不仅具有高导电性能，还因其高电负性可以助力表面聚合物抢夺电子，因此在实现农用纺织品原有的保温、遮阳、水土保持、排水灌溉、种子培育等功能的基础上，还能从农业环境中源源不断地获取能源，为智慧农业提供驱动力，实现农业信息"无源实时感知"。

平建峰说，这两种材料具有良好的生物相容性，而且整个制备过程易于规模化和工业化。

（文：柯溢能）

用生态网络算法绘制首个地球微生物"社会关系"网络

单个微生物看不见、摸不着，却无时不在、无处不在。微生物的功能绝非"分解者"这么简单，而是影响到温室气体、绿色生产、人体健康的方方面面，其群落组成和功能具有极高的复杂性。

如何更好地认识微生物的特性？过去，科研人员常常在微观尺度挖掘其具体特性，但有时如同盲人摸象，只能看到局部。就好像光知道一个人叫什么名字，是无法了解群体全貌的，要深入人与人之间的关系，才能更好地描述。

浙江大学徐建明教授团队通过分析地球微生物组计划（Earth Microbiome Project）大数据，构建了全球微生物共存网络，通过对其"社会关系"的分析，首次揭示了地球多种环境中微生物组间的互联模式。

这项研究发表在微生物领域顶级期刊《微生物组》（*Microbiome*）上，浙江大学环境与资源学院马斌研究员为该论文的第一作者，徐建明教授为通讯作者，浙江大学为第一和通讯作者单位。

用大数据"筛出"微生物之间的交互作用

生物界基于捕食和被捕食关系建立起生物相互作用的网络，类似

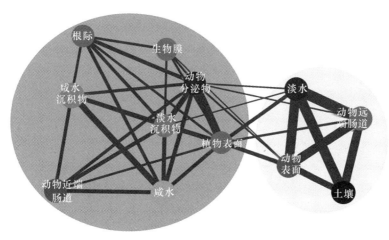

地，在微生物群落中，不同微生物间也存在着共生、寄生、捕食和竞争等相互作用形式。

要厘清不同生态系统中微生物复杂的交互作用及关系面临两大挑战：一是超过95％的微生物无法人工培养，也就无法通过实验法一一甄别；二是上万种微生物之间存在几亿对相互关系，面对这样的海量数据，根本无法通过传统的实验开展研究。

而统一采样、测序、分析的全球最大标准化环境微生物组数据库的建立，为中外科学家的研究提供了丰富的数据资源。

浙江大学科研人员通过构建微生物生态网络算法打造了一个"筛子"，筛出微生物之间的交互作用。科研人员从大数据中找到微生物之间的规律，并通过这种规律构建起一套统计模型，进而筛出其相互作用的规律。

徐建明团队通过综合分析全球多种生存环境（土壤、植物、动物、水体等）中的微生物组数据，构建了全球微生物共存网络。"通过这张网络，我们能够看清微生物间的关系，为进一步理解其运行机制提供了前提。"

没有微生物，"社会"是一座孤岛

随着同一个生态系统内微生物关系的明确，浙江大学科研人员进一步研究跨界的互联表征。他们发现相同关系越多，连线越粗，也意味着有共同的相互作用。这就反映出不同生态系统之间的微生物关系与交互。

"这项研究告诉我们要从系统角度认识事物，加深了我们对地球微生物的重要性和多样性的认识。"徐建明介绍，整体"社会关系"网络的相似性反映了潜在的交流的强度。土壤和淡水的关系，比土壤和咸水的关系要大，这很大程度上在于水的循环作用和影响程度。

在地球微生物组中，不同生境中的微生物组都有紧密联系，并可依据关联特征划分为不同的子网络。根据子网络间的相似性，可进一步将子网络分成两组。值得注意的是，土壤微生物组与动物表面、动物肠道和淡水微生物组有密切关系，而植物、动物表面的微生物是连接两组子网络的桥梁。

马斌说，所有的微生物都是相互关联的，不能割裂开来去理解。例如，要了解肠道微生物组，其实也要研究环境对它的影响。"如果只是从微生物群落组成的角度进行研究，常常不能真正认识微生物组运行的内在机制。"

该研究的合作者包括美国加利福尼亚大学圣地亚哥分校的杰克·A.吉尔伯特（Jack A. Gilbert）教授和罗布·奈特（Rob Knight）教授、美国太平洋西北国家实验室研究员珍妮特·K.扬森（Janet K. Jansson）、比利时鲁汶大学的卡罗琳·福斯特（Karoline Faust）教授等。

（文：柯溢能）

甲烷如何影响环境中砷的迁移？

甲烷是第二大温室气体，其广泛存在于湿地、海洋等自然生境以及水稻田、厌氧消化池等人工系统中。同时，甲烷也是一种有效的生物碳源和能源，能够维持微生物的生长和代谢，并驱动如碳、氮、硫等元素的生物地球化学循环，推动生物圈的进化与发展。

浙江大学环境与资源学院科研团队联合中国科学院城市环境研究所和德国图宾根大学应用地球科学中心，率先揭示了甲烷厌氧氧化耦合砷还原现象，提出了可能的代谢机理，并进一步阐明了该途径对环境污染、粮食安全以及生态健康的潜在影响，对于理解甲烷厌氧氧化的生物学机制和防控环境重金属污染具有重要的启示意义。

这一研究刊登在国际知名期刊《自然·地球科学》（*Nature Geoscience*）上，第一作者为浙江大学环境与资源学院博士生石凌栋，通讯作者为浙江大学环境与资源学院赵和平教授和唐先进副教授。

环境中砷迁移转化的新途径

赵和平教授团队长期从事水污染控制相关研究。硝态氮是城市污水及地下水中的一种重要污染物，而微生物可利用污水中的硝态氮为碳源,通过反硝化作用将之还原为氮气,从而去除污染物。当碳源不足时,则需要为微生物添加外源碳源以实现反硝化过程,这既增加了成本,也带来了二次污染风险。

2013年,国外科学家偶然发现,有些微生物可以利用温室气体甲烷为唯一碳源和电子供体实现反硝化。"这一发现给了我们很大的启示,甲烷作为污水处理的中间产物,同时又是自然环境中大量存在的物质。"赵和平介绍,"如果能找到更多这类微生物,既能利用导致温室效应的甲烷,又能去除水体中硝态氮等一系列氧化态污染物,就两全其美了。"

沿着这个思路,赵和平团队与唐先进等合作,在富含甲烷的湿地实地取样,并结合同位素示踪的异位培养,试图富集培养更多此类功能微生物。在实验中,他们发现了甲烷氧化耦合砷还原现象,在这个转化过程中,甲烷被氧化成为二氧化碳,同时环境中常见的重金属砷从五价结合态转变成了更易迁移、更易溶解,也更具毒性的三价砷。

"与其他氧化态污染物还原不同,这种价态转变并不是好事。"赵和平说,"甲烷可能会带来砷的还原,这种现象大家没关注过。环境中大量水溶性砷的生成,会因为流动性和迁移性提升而增加生态毒性风险。比如,在水稻田中大量存在则会被作物吸收,长出砷超标的水稻,引发食品安全问题。这需要引起足够的重视。"

甲烷厌氧氧化耦合砷还原的生物学机制

在甲烷厌氧氧化耦合砷还原的过程中,研究发现存在一类微生物能够代谢甲烷,并为共生的砷还原菌提供电子。科研人员对不同微生物的种间电子传递方式知之甚少。研究人员利用比较定量PCR(聚合酶链式反应)技术和宏基因组学分析,定位了甲烷氧化和砷还原的活性基因,揭示了参与耦合反应的功能微生物,并重构了甲烷厌氧氧化耦合砷还原的生物学代谢通路。结果表明,甲烷氧化古菌首先通过逆向产甲烷途径活化甲烷并获得电子,随后电子被传递到细胞周质中的砷还原酶或者共生的砷还原菌中,实现进一步的砷还原。

也就是说,电子从一个细胞跑到另一个细胞,而多血红素色素蛋白就扮演了运送电子的"摆渡车"角色。赵和平认为,多血红素色素蛋白是实现微生物种间协作的充分条件,未来可以利用含有这类蛋白的微生物,为研发环境污染高效修复的生物技术提供方案。

甲烷厌氧氧化促进全球的砷释放

利用同位素标记的模拟原位实验,研究人员发现在自然环境中,甲烷厌氧氧化会促进土壤结合态砷酸盐向水溶性更高的亚砷酸盐转化,从而溶解在水环境中,更易被生物利用。其中,甲烷厌氧氧化贡献了 26.4％ 至 49.2％ 的砷释放,对生态健康以及作物安全产生了重大的影响。研究人员进一步对全球环境样本进行分析,发现甲烷厌氧氧化耦合砷还原广泛分布于各种生境中,可能会极大推动环境砷污染的迁移转化,从而影响后续的粮食生产和人类活动,需要引起足够的重视。

赵和平介绍,下一步研究将致力于富集功能微生物,从基因、酶学等多维度、多层次进一步揭示生物学机理,更系统、更全面地评估该生物代谢途径对人类生产生活的影响,以期为科学问题的解决和防控政策的制定提供丰富的理论和实验支撑,也为相应的环境污染控制技术研发提供理论依据。

(文:柯溢能)

如何让空中机器人独立思考、自由飞翔？

在湖州安吉的一片竹林中，由浙江大学控制科学与工程学院、湖州研究院团队研发的一群微型智能空中机器人正自如穿梭其间——它们时而灵巧地掠过低矮的灌木丛，时而交叉飞行变换队形，就像是林中小鸟翩翩起舞、相互追逐。

在未知复杂环境中的成群结队飞行，一直被看作机器人与人工智能领域的一大技术瓶颈。在两年多的研究中，科研团队解决了未知复杂环境下机器人单机与群体的智能导航与快速避障方法等一系列核心技术难题，将只能在电影里看到的场面带到了现实世界。

这项成果刊登在机器人领域知名期刊《科学·机器人》(*Science Robotics*)上，并被选为5月刊封面论文。论文第一作者为浙江大学控制科学与工程学院博士研究生周鑫，通讯作者为该院高飞博士和许超教授。

"麻雀虽小"，但能自主思考

大规模的机器人空中编队表演早已屡见不鲜，通过前期的卫星定位和轨迹编码，能够实现机器人在空中千变万化的队列造型。然而一

旦失去地面计算机的控制，这些机器人就会"群龙无首"，甚至撞到障碍物跌落下来。

"人字形的大雁、井然有序的鸽群，当我们仰望天空，自然界中飞鸟的集群总让我们思考它们是如何保持队形的。"许超说，让机器人像鸟儿一样能够成群自由地飞翔，道法自然，这是我们及国际同行们苦苦追寻的境界。

通过集体的协同努力，浙江大学团队研发出小巧轻便、自主可控又能成群结队的飞行系统。单个空中机器人只有手掌大小，比一听可乐的重量还要轻。

浙江大学研发的这款新型机器人在仅应用机载视觉、机载计算资源的情况下，实现了在野外树林等复杂环境下感知周围障碍物、定位自身位置、生成飞行路径以及多智能体通信等多项关键技术突破。"我们让机器人'看得懂'世界，主动避开障碍物，实现群体飞行。"高飞说。

"我们还为空中机器人打造了一个智慧大脑。"许超说，尽管处理器只有拇指大小，但是它能够独立计算处理飞行过程中遇到的海量信息。"把物理世界的运动信息表征成一系列的数学问题,关键是要识破复杂问题背后隐秘的特殊数学结构,化繁为简,利用机载计算资源完美破题。"

登高跑远,能达无人之境

许超介绍,从图纸设计到硬件调试,从算法研发到代码编写,从实验测试到系统优化,都完全由浙江大学团队师生完成,"在国际上能够独立完成全流程工作的团队,也是屈指可数"。

在研发过程中,团队在智能化、网络化、自主化等多方面技术上取得了突破,这项成果也将对工业界的"机器换人"和产业升级产生积极作用。

谈及未来应用,高飞认为,在火灾等搜救场景中,小型集群机器人能够更好地实现搜救,降低搜救风险;在地形勘探中,也可以快速对人员无法到达的区域进行建模。"生活中有很多场景都能用到我们这项技术,比如扫地或服务机器人,如果装上了我们研发的'智慧大脑',就会更加聪明。"

(文:柯溢能 吴雅兰)

领域里程碑, 超长寿命的钙钛矿 LED 诞生

钙钛矿 LED(钙钛矿发光二极管)是在显示、照明、通信等领域极具潜力的新一代发光技术。钙钛矿 LED 制备成本低,且技术优势显著,它具备与 OLED(有机发光二极管)类似的轻薄、柔性等特点,也具有与Ⅲ-Ⅴ族半导体 LED 相似的色纯度与光谱可调性。仅经过短短数年的发展,钙钛矿 LED 的效率就已可与成熟的发光技术媲美。

然而,与钙钛矿太阳能电池类似,钙钛矿 LED 的不稳定性是实现产业应用的最大挑战。目前高性能钙钛矿 LED 的寿命一般在 10～100 小时量级,而 OLED 技术步入产业化要求的寿命至少为 10000 小时。此方向面临重大挑战,因为钙钛矿半导体可能是本征不稳定的:它的晶体结构具有显著的离子特性,而离子在 LED 外加电场作用下容易移动,从而造成材料降解。

浙江大学光电学院现代光学仪器国家重点实验室、海宁国际校区先进光子学国际研究中心的狄大卫教授与赵保丹研究员团队,在此方向上取得了重要突破。他们利用一种双极性分子稳定剂,实现了钙钛矿 LED 可满足实际应用需要的超长工作寿命。论文的通讯作者是狄大卫教授与赵保丹研究员,第一作者是浙江大学硕士生郭兵兵。合作

者包括厦门大学李澄教授团队、浙江大学洪子健教授团队、南京航空航天大学李伟伟教授团队等。相关研究论文发表在《自然·光子学》(*Nature Photonics*)期刊上。

"这些钙钛矿LED在5 mA/cm²的恒定电流驱动下,连续5个月(3600小时)没有出现亮度下降。"狄大卫说,"这非常令人振奋,超越了对钙钛矿LED的一般认知。这些器件非常稳定,仍在进行的一些测试看来难以在一年甚至更长时间内结束。为了在一个较为合理的实验周期内获得寿命数据,需要开展LED加速老化实验。"

这些近红外钙钛矿LED展现出超长的工作寿命。例如,在初始辐亮度为2.1 W·sr⁻¹·m⁻²(电流为3.2 mA/cm²)的情况下,估算器件T_{50}寿命(最初辐亮度降低到50%所需的时间)为32675小时(3.7年)。这个辐亮度所提供的光功率,与1000 cd/m²高亮度工作时的商用绿光OLED相当。在0.21 W·sr⁻¹·m⁻²这个较低的辐亮度(上述亮度的1/10)或0.7 mA/cm²的电流下,推算得到T_{50}寿命为240万小时(约270年)。

"我们认为对这种新型LED进行可靠的寿命分析很有必要,为此我们在加速老化实验中采集了62个器件寿命数据点,覆盖了10~200 mA/cm²这个尽可能广的电流密度范围。"郭兵兵说。器件的电致发光外量子效率(EQE)与能量转化效率(ECE)分别达到了22.8%和20.7%,是目前近红外钙钛矿LED的最高效率。

这些钙钛矿发光材料有非常稳定的晶体结构。"材料的晶体结构经过322天以上也没有发生改变,"赵保丹说,"这说明双极性分子稳定剂帮助钙钛矿维持了它最初的、具有优良光电性能的晶相。作为对比,未经处理的对照组钙钛矿样品的晶体结构在两周内产生显著变化并发生降解。"

钙钛矿中的离子迁移是导致不稳定的重要因素之一,这个问题在LED外加电压的影响下变得更为严重。"我们的实验与计算表明,双极性分子与钙钛矿晶界处的离子产生化学键或相互作用,"郭兵兵说,"这可能是我们的钙钛矿中离子迁移变得困难的原因。""我们与合作者开展的电学与光学实验,都表明了离子移动现象的抑制。"赵保丹补充道。

器件寿命结果说明,钙钛矿材料在稳定性方面并没有"基因缺陷"。"金属卤化物钙钛矿这类新型半导体被广泛认为是本征不稳定的,特别是在LED应用等电场比较高的情况下。"狄大卫说,"我们的研究结果说明,实现稳定的钙钛矿器件并非'不可能的任务'。"

超长的器件寿命有望提振钙钛矿LED领域的信心,因为它已满足商用OLED对稳定性的基本要求。这些近红外LED可应用于近红外显示、通信与生物等领域。虽然具有类似长寿命的可见光钙钛矿器件仍有待开发,但超稳定钙钛矿LED的实现,为钙钛矿发光技术步入产业应用铺平了道路。

（文：柯溢能）

新型细胞治疗技术为难治复发淋巴瘤患者带来生的希望

14 次不同方案的化疗、20 次放疗、全胃切除手术……自从几年前被确诊为"弥漫大 B 细胞淋巴瘤",来自广东的孙先生(化名)就开始了漫长而痛苦的治疗,几乎尝试过了所有方案,然而疗效一直不尽如人意,肿瘤多次复发。

"命运已经给我判了'死刑',整个人感觉犹如掉进了万丈深渊。"

2020 年 5 月,孙先生来到浙江大学医学院附属第一医院(以下简称"浙大一院"),经过前期的评估,接受了全新的 PD1-19bbz CAR-T 细胞治疗,如今孙先生无病生存已超过两年。

"感谢新的 CAR-T 疗法,给了我第二次生命!"

这是迄今为止全球 CAR-T 细胞(嵌合抗原受体 T 细胞)治疗难治复发淋巴瘤中高缓解率和低毒副反应的最好临床结果,标志着中国学者在 CAR-T 细胞研发及临床转化应用领域处于国际领先地位。

全球首次,研制新型 CAR-T 细胞产品

以往 CAR-T 细胞制备是采用患者本身的淋巴细胞在体外通过病毒转染的方法,将针对肿瘤靶点的 CAR 分子整合到 T 淋巴细胞中,形

成 CAR-T 细胞。目前在北美已经有 6 个 CAR-T 细胞产品上市,其中 5 个针对 CD19 靶点,1 个针对 BCMA 多发性骨髓瘤靶点,在中国已上市 2 款针对难治复发淋巴瘤的 CD19 靶点 CAR-T 细胞产品。

这些 CAR-T 细胞产品的上市,为难治复发恶性淋巴瘤患者带来了生的希望,成为恶性肿瘤治疗领域最具有突破性的技术。

不过,传统的 CAR-T 细胞产品还存在一些亟待突破的问题——

1. 用病毒转染方法制备 CAR-T 细胞存在着靶点随机插入导致 CAR-T 细胞质量良莠不齐的问题;

2. 随机插入基因片段有导致肿瘤基因改变的风险;

3. 目前的 CAR-T 细胞产品对难治复发淋巴瘤的完全缓解率为 50％左右,疗效还有待提高;

4. 淋巴瘤治疗中肿瘤细胞快速杀灭和细胞因子释放可能导致全身的严重反应,在临床上被称为细胞因子释放综合征和免疫效应细胞相关神经毒性综合征。

为此,全球的科研工作者都在努力研发非病毒定点靶向基因转导技术,以期消除目前 CAR-T 细胞制备方法存在的不足,并进一步对免疫细胞中的关键基因进行改造,达到更好的疗效和更低的毒副反应。

浙大一院黄河教授团队与邦耀生物刘明耀教授团队合作,利用 2020 年获诺贝尔化学奖的 CRISPR/Cas9 基因编辑技术对 T 淋巴细胞中 PD1 位点精确敲除,定点插入针对肿瘤细胞的靶向 CD19 CAR 分子,构建完成全新的非病毒定点整合 CAR-T 细胞(PD1-19bbz)。

实验研究结果表明,使用同源臂长度为 800bp 的线性双链 DNA 作为模板可以通过同源介导修复(HDR)机制获得数量最多的 CAR 整合细胞;PD1-19bbz 无论在 PD-L1 高表达还是低表达的肿瘤细胞中,都体现出更强大、更持久的杀伤效果,小鼠生存率得到显著提高。

世界首例，非传统 CAR-T 细胞治疗淋巴瘤临床研究

当 2020 年孙先生来到浙大一院时，腹腔内多发淋巴瘤病灶，且淋巴瘤侵犯肠壁。黄河团队研究认为，淋巴瘤侵犯肠壁是 CAR-T 细胞治疗的相对禁忌症，在接受 CAR-T 细胞治疗时容易发生肠穿孔，因此，孙先生已不再适合接受传统的 CAR-T 细胞治疗，而全新的 PD1-19bbz CAR-T 细胞治疗发生细胞因子风暴和其他并发症的风险低，"这或许可以给病人一个生还的机会"。

在完成各项临床研究报批后，2020 年 5 月 26 日，浙大团队为孙先生输注 PD1-19bbz CAR-T 细胞，回输后的 6 月 9 日，孙先生 CAR-T 细胞回输后 14 天各项指标正常，经评估后出院；回输后 1 个月进行 PET-CT 评估，结果显示原腹腔侵犯肠道黏膜部位的大包块肿瘤已完全消失。

团队进一步开展临床研究，结果表明，在接受治疗的患者中未观察到 CAR-T 细胞治疗相关的神经毒性和 2 级以上的细胞因子释放综合征，证明 PD1-19bbz CAR-T 细胞具有出色的临床安全性。用 PCR 技术和流式细胞术方法检测发现 PD1-19bbz CAR-T 细胞在患者体内可获得快速扩增和长时间的维持。在难治复发淋巴瘤患者中，客观缓解率高达 100%，完全缓解率达到 87.5%。进一步利用单细胞测序技术研究 PD1-19bbz CAR-T 细胞体内作用机制，结果表明 PD1-19bbz CAR-T 细胞产品中存在高比例的记忆性 T 细胞，体内 PD1-19bbz CAR-T 细胞具有更强的杀伤肿瘤作用，长期存续的 CAR-T 细胞具有记忆性细胞的特征。这也全面阐明了非病毒 PD1 定点整合 CAR-T 细胞优越的临床疗效背后的作用机制。

在最近的一次随访中，孙先生的所有检查项目均达标，体重也比

患病前增加了不少,脸色看起来也更红润了。"经过细胞治疗后,身体感觉一下子就恢复正常了,亲朋好友也都说我是奇迹般地康复了,现在我闲暇时还会去打打羽毛球,完全恢复了患病前的生活状态。感谢新型 CAR-T 细胞疗法,让我还能看到儿子上大学。感谢浙大一院黄河院长团队的精心治疗,帮助我战胜病魔,获得重生。"2022 年夏天,孙先生给杭州的医护人员们分享了好消息:儿子已被国内顶尖大学美术学院录取!

　　这项研究刊登在国际顶尖杂志《自然》上,浙大一院胡永仙主任医师等为论文共同第一作者,黄河教授为第一通讯作者,邦耀生物刘明耀教授为共同通讯作者,其团队成员张楫钦为第一作者。

（文:吴雅兰 柯溢能）

飞针送药——基于无人机的靶向急救给药系统

由无人机传递货物（包括药物）并不鲜见,但要精准送达,"靶向"病人投掷并将药物自动注入体内发挥药效,或许是科幻片中才会出现的情节。

现实生活中,对于患有如心肌梗死、严重低血糖、严重外伤等突发疾病的患者来说,如果不及时开展治疗,患者会面临极大的死亡风险,因此及时给药是非常重要的。

为了有效解决患者身边缺乏急救设备,或无法呼救、交通拥挤、地理位置不便导致急救不及时等问题,浙江大学药学院、金华研究院教授顾臻,"百人计划"研究员俞计成团队,联合浙江大学控制科学与工程学院"百人计划"研究员陆豪健团队,交叉创新,发明了一种基于无人机的靶向急救给药系统,丰富了无人机在急救领域的应用,具有广阔的临床应用前景。

该研究相关成果刊发在《先进材料》（Advanced Materials）上,论文第一作者是浙江大学药学院博士研究生盛涛和浙江大学控制科学与工程学院硕士研究生金锐。

靶向给药

这个无人机靶向急救给药系统由无人机、投掷给药装置和含有紧急治疗药物的微针贴片组成。"'飞针'作为一种灵巧的武器经常出现在武侠剧里,"顾臻介绍,"我们团队的这套系统是为了救人,让无人机飞抵患者处,在不用其他力量的情况下实现自主给药。这里的'针'是载有药物的微针阵列,用高分子材料制成,长度小于 1 毫米,疼痛度较低,可以说是可'飞行'的智能急救针。"

为了实现这个过去难以想象的给药过程,顾臻团队设计了一种接触式触发的投掷给药装置,内含强力弹簧,以便在接触皮肤时提供足够的动力来将微针刺入皮肤。陆豪健介绍:"我们使用的无人机可以智能地避开障碍物,当无人机搜索和识别患者后,可在适当的高度悬停,随后释放投掷给药装置,将负载药物的微针插入患者皮肤,包覆在微针里的药物会很快在皮下释放,通过血液循环到患者全身,实现急救。"

投掷给药装置底部的触发器接触到皮肤表面时,弹簧可以释放出足够的能量来使附着的微针插入皮肤。"相比于手动给药,该装置提供的推力更加均匀,更利于微针贴片扎入皮肤。"俞计成解释道。

应用验证

那么这个无人机靶向急救给药系统的可行性如何呢?团队在严重低血糖疾病模型中开展了可行性研究。

严重的低血糖会导致患者突然晕倒,或在患者夜间睡眠时发生,而针对糖尿病患者的连续血糖监测系统能够实时警示低血糖,因此可以作为应急信号。

研究证实，这一无人机靶向急救给药系统在低血糖小猪模型中成功实施了快速急救，有效防止了血糖的持续下降，而且帮助其上升到正常范围，这证实了该系统能够有效降低严重低血糖的风险。"作为概念验证，我们的微针包含了两个释放模块，前端可以快速释放药物，后端可以响应血糖变化，若血糖已经平稳，则药物释放会变慢。"盛涛介绍道。

对于未来的应用前景，顾臻表示，未来可在应急救援等领域使用这一系统；同时，此项发明是一个平台技术，飞行器是智能的，可确保靶向，给药系统也是智能的，可实现精准用药。另外，一些可穿戴的生理监测设备、先进的检测或分析系统、新型的给药方式及给药设备都可以与无人机靶向急救给药系统整合，以进一步扩展无人机介导的药物急救的应用场景与前景。

（文：柯溢能）

第三篇

弄　潮

揭秘 30 亿年前地球原始光合生物的光合作用

光合作用是地球上最重要的化学反应,是规模最大的太阳能转换过程。光合生物通过把太阳光能转变成化学能,固定二氧化碳为有机物,同时释放出氧,为地球上绝大多数生命提供食物和氧气。光合生物是自然界最高效的太阳能固定"机器",平均每年通过光合生物的光合作用同化的太阳能约为人类所需能量的 10 倍。光合作用不仅驱动着地球的环境变化,推动着高级生命的起源和进化,也使得人类文明的诞生和发展成为可能。

光合作用的反应中心如何工作、如何进化?我们人类能否利用自然界的光合作用机制来提高太阳能利用效率?科学家们一直在积极对光合作用的机理开展广泛的研究,寻找这些问题的答案可以帮助我们应对粮食、能源和环境问题。

浙江大学医学院、良渚实验室联合中国科学院植物研究所在全球率先解析了一种古老的光合细菌——绿硫细菌的光合反应中心空间结构。该研究刷新了人类对古老光合生物的光合作用机理的认知,对于理解光合作用反应中心的"认祖归宗"(即进化生物学研究)具有重要的启示意义。

这一研究成果刊登在国际顶级杂志《科学》上，论文第一作者为浙江大学医学院附属邵逸夫医院/浙江大学冷冻电镜中心博士后陈景华，通讯作者为浙江大学医学院附属邵逸夫医院/浙江大学冷冻电镜中心、良渚实验室张兴教授，以及中国科学院植物研究所匡廷云院士、沈建仁研究员。

追本溯源　刨根问底

反应中心是光合作用过程中实现光能—电能转化的核心结构，主要由光合膜上的色素蛋白复合体构成。根据不同反应中心的结构特点，一般将其分为以铁硫簇为末端电子受体的Ⅰ型（type-Ⅰ）反应中心和以醌为末端电子受体的Ⅱ型（type-Ⅱ）反应中心。在产氧光合生物例如蓝细菌和绿色植物中，这两类反应中心分别进化为两个分工不同的光系统，即光系统Ⅰ和光系统Ⅱ。其中，光系统Ⅱ负责将水裂解后制造氧气；光系统Ⅰ吸收太阳能，转变成化学能，固定二氧化碳，制造食物。

早期地球不含氧气，是产氧光合作用把早期地球大气环境改造成有氧环境，对高等生物的出现和进化具有极其重要的作用。光反应过程复杂，反应中心蛋白的空间结构也极其复杂，因此在地球几十亿年的历史中只进化产生过一次，现在地球上的所有光反应中心蛋白都是从同一个祖先蛋白进化而来。追本溯源，科学家们希望能够了解在早期地球环境下，古老的光合反应中心是什么样的空间结构，与现在高等植物的光合反应中心有何不同？早期的光合生物是怎么转化太阳能，同时又是如何一步步进化、提高能量转化效率的？然而沧海桑田，如今的地球环境与几十亿年前已经有了天壤之别，如何找到合适的研究对象成为首要问题。

科学家们看中了光合细菌。这是一种 35 亿年前就在地球上出现的古老的原核生物，它们或许保留着原始的光合作用系统。在经历漫长的生物进化和多次对生物界具有毁灭性的气候大灾变后，这些古老的生物依然顽强地活着。

绿硫细菌是光合细菌大家庭中的一员，这类细菌能够从硫化氢、胶体状硫黄和硫代硫酸盐等物质中获得电子而进行厌氧光合作用。它们生活在例如印度尼西亚的马塔诺湖和黑海 110～120 米的深水中，在那里，光照极其微弱，每个细菌一天也就能够捕获少量的光子。更有甚者，在墨西哥海岸附近发现一种绿硫细菌，生活在太平洋中水深 2500 米的海底"黑烟囱"周围。在这么深的海底，阳光已无法企及，它们只能依靠暖洋流的微弱热辐射生存。那么，是什么让绿硫细菌在光照如此微弱的环境下仍能够进行光合作用呢？绿硫细菌的光合作用系统在结构上和其他细菌又有哪些差别呢？

令人感到遗憾的是，尽管绿硫细菌已被发现数十年了，但科学家们对它内部的光合作用系统的详细构造仍然了解甚少。这也使得它成为光合细菌七大门类中唯一一类反应中心空间结构没有被解析的光合细菌。

反应中心　内有乾坤

为何之前的科学家始终没有看清绿硫细菌反应中心原子结构层面的奥秘呢？首要原因在于绿硫细菌反应中心的样品制备极其困难。绿硫细菌作为一种厌氧菌，对周围环境要求非常苛刻，反应中心复合体在有氧条件下极不稳定，低浓度的氧气就容易导致其变性。另一个原因是早期对于生物大分子结构的解析主要借助 X 射线晶体学，这种方法需要较多样品且对样品的纯度和均一度都有很高的要求。双重因素下解析绿硫细菌反应中心的结构变得困难重重。

浙大科研团队通过冷冻电镜技术,很好地解决了这一难题。他们优化了样品制备的各环节,获得了足够多的蛋白样品,收集了近万张样品颗粒的电子显微镜成像图片,最终在世界上首次解析了绿硫细菌反应中心的结构,分辨率高达 2.7 埃。在该分辨率下,古老绿硫细菌反应中心的庐山真面目被首次揭开。

科研团队发现,绿硫细菌的光合作用首先是通过一个巨大的外周捕光天线捕获光能分子,再通过一些内周捕光天线向位于细胞膜的反应中心传递,这些收集和不断向内传递的能量能够激发反应中心内部的两个特殊的叶绿素分子,促进其产生电荷的分离。在这个过程中,光能就会转变成电能(电子),之后,这些电子会通过下游的一系列载体继续传递并最终传递给一个末端的电子受体,产生还原力,将二氧化碳等无机物转变成有机物。

"之前科学家们推测绿硫细菌的反应中心是类似于绿色植物中的光系统 I 的。但我们从结构上'看到'虽然它与光系统 I 有相似的地方,比如它们的蛋白结构比较像,但也有明显区别,绿硫细菌反应中心的色素数量比光系统 I 的明显要少,而且色素的空间排布也不一样。"张兴介绍说。有意思的是,他们发现绿硫细菌的反应中心色素排列跟光系统 II 非常相似。"这兼具两种光系统结构特点的'混沌状态'暗示绿硫细菌的反应中心可能代表了进化早期的光合生物反应中心的古老特征。"

从细胞膜平面的角度看,绿硫细菌反应中心的色素分子分为上下两层,两层叶绿素之间有一条"过道"。张兴说,在目前已经解析的反应中心结构中,"过道"里有一种作为桥梁的分子,可以把上层的能量传到下层,但是绿硫细菌没有这个桥梁分子,上层与下层的能量就像"隔空抛物"一样传递。

"这也进一步验证了绿硫细菌反应中心能量的传递效率比其他光合细菌的反应中心低很多。"陈景华介绍。效率低的另一个原因是,他们从结构中发现,绿硫细菌的内周捕光天线与反应中心的色素分子间隔距离较远,导致能量传递困难。

解析结构　认祖归宗

根据生物进化优胜劣汰的原理反推,越是进化完善的,越是"后生";越是不完善的,越是古老。"地球上所有现存的光合作用反应中心都起源于相同的'祖先'(一类原始的反应中心蛋白),由该蛋白不断进化而形成现有的各种各样的反应中心。"张兴说,在高等植物中存在两种不同的光反应系统(光系统Ⅰ和光系统Ⅱ),且各自由不一样的中心蛋白构成,科学界的普遍共识是,地球上最早的反应中心是由两个相同的蛋白构成的同源二聚体,在进化的过程中两个中心蛋白慢慢发生变化,从两个一样的蛋白变成了两个不一样的异源二聚体蛋白,"而此次解析到的绿硫细菌反应中心正是这样由两个相同的蛋白构成的同源二聚体"。

张兴课题组的研究证明,绿硫细菌反应中心是目前唯一发现具有两类反应中心结构特征的分子,填补了人类对光反应中心结构认知的空白。论文评审专家表示:"这项研究对于揭示30亿年前地球原始光合生物如何进行光合作用具有重要的启示,对于理解光合作用反应中心的进化极其重要。"

了解了反应中心的结构特征之后,课题组下一步研究将努力获取更多的支撑数据。未来有望通过人工模拟光合作用机制、仿生设计光敏器件,改造植物光反应系统,提高太阳能利用率,从而提高农作物产量,缓解日益突出的粮食和能源紧张问题。

(文:柯溢能 吴雅兰)

"万能钥匙"血清素，破译幸福感如何被激活

你是否想过，你的开心或难过可能是身体内的一些微小化学物质在发挥作用？这些化学物质是如何影响人们的情绪，在大脑中发挥神奇作用的呢？

血清素、多巴胺、内啡肽，是关系着人类快乐最重要的三种物质。其中，血清素又名5-羟色胺（5-HT），是一种可以产生愉悦情绪和幸福感的信使分子，因此也被称为"快乐激素"，其在人体内含量的变化常常与情绪的变化有关，比如血清素的缺乏会导致抑郁的发生。血清素如何让人产生幸福感？这个生物学机理一直没有被破译。

浙江大学医学院、良渚实验室、医学中心张岩研究员团队与合作者通过三年的联合攻关，成功解析了不同化学物质和多种血清素受体亚型的精细三维结构，并详细阐述了血清素和化学药物在人体内发挥作用的机制，对药物开发选择精准靶标具有积极作用。

这一研究成果刊发在国际顶级期刊《自然》上。浙江大学基础医学院博士生张会冰和博士后毛春友、上海药物研究所与浙江大学基础医学院联合培养博士生徐沛雨、上海药物研究所与上海科技大学联合培养博士生黄思婕、美国温安洛研究所 X. Edward Zhou 和上海药物

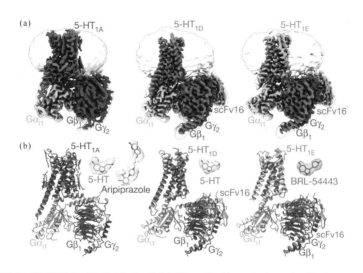

研究所程曦副研究员为论文共同第一作者。论文通讯作者为浙江大学医学院、良渚实验室、医学中心张岩研究员，上海药物研究所徐华强研究员和蒋轶研究员。

幸福感是如何被激活的？

血清素是一种被广泛研究的神经递质，几乎影响到大脑活动的每一个方面——从调节情绪、精力、记忆力到塑造人生观。中枢神经系统血清素含量变化、功能异常可能与精神病、偏头痛等多种疾病的发病有关。

血清素必须通过相应受体的介导方能产生作用，其受体在人体中有十几种不同亚型，包括血清素受体 1A、1B、1D、1E 等，分布在不同的脑区，介导兴奋性和抑制性的神经传递。

已有的研究发现，血清素与其受体结合能够产生幸福感，使人远离焦虑。血清素受体 1A 是临床药物靶向最为集中的受体亚型，是临床治疗精神分裂和抑郁症的药物阿立哌唑的主要作用靶标；血清素受体 1D 与血清素受体 1B 具有高度序列同源性，同时也是曲坦类抗偏头痛药物的作用靶标；血清素受体 1E 与记忆有关。另外，即使大脑没有分泌血清素来激活其受体，人体也会保持一定的幸福感。

浙江大学科研人员对具有显著特性的血清素受体 1A 开展了研究。他们发现，血清素受体的信号传导复合物像一捆树枝插在由磷脂构成的细胞膜上，在细胞外形成一个雷达状的接收器，负责抓取前来投递的信号，并传送到细胞内。

"这与我们团队此前解密的 G 蛋白耦联受体依旧具有相似的结构特征。"张岩解释，随着进一步实验，他们在血清素受体的信号传导复合物中首次发现细胞膜组成部分磷脂竟然也在这个结构内。

这是一个令人激动的发现。原本磷脂只是固定血清素受体的"钢筋混凝土"，那么它到底在其中扮演什么角色呢？研究人员发现，这些"插入"的磷脂发挥着"分子胶水"的作用，增强受体和下游信号之间的相互作用。与此同时，科研人员还发现，胆固醇也在血清素受体中发挥着类似磷脂的作用。"这一发现，解释了血清素如何激活血清素受体，为何没有配体激活时血清素受体还有比较高的基础活性，并对一直以来困惑科学界的细胞膜能够调控血清素受体作了解答。"

此外，在对决定能否将信息传递到细胞内的第六号螺旋的研究中，张岩团队发现，相较其他已知的 G 蛋白耦联受体，血清素受体 1A 的第六号螺旋更长。"这条'大长腿'能够与下游更好地结合，有利于信号的传送。"

打开快乐的"万能钥匙"会出现吗？

对于靶标结构的清晰破译，为研发更好的药物夯实了物质基础。"我们常说'一把钥匙开一把锁'，要让钥匙开锁，首先要了解清楚锁芯长什么样。"张岩说。

然而，当前国内外对神经类药物的开发，常常是"胡子眉毛一把抓"，虽然能够产生积极效果，但随之而来的是一连串副作用。例如吃了一些抗精神分裂和抗抑郁的药物后，患者会嗜睡并且体重增加。

为此，在对血清素的系统研究中，联合科研团队还对能激活血清素受体1A的第三代精神分裂治疗药物阿立哌唑开展了研究。科研人员发现，由血清素和阿立哌唑分别去激活5-HT1A受体时，后者在扣动"快乐产生"的扳机后，产生反应的速度更慢。

"我们还揭示了药物作用在不同受体下的结构功效关系，清晰地展示了阿立哌唑为什么激活血清素受体1A的能力比激活1D或者1E的能力强接近100倍，解释了血清素为什么是'万能钥匙'，能够同时激活众多不同的血清素受体。"张岩说。

"知己知彼，才能在活得健康且快乐的道路上'百战不殆'。"张岩说，过去的药物研发常常需要靠运气开展筛选，如今可以通过对"锁芯"的解构开展设计。"未来，随着研究的不断深入，类似'一把钥匙开多把锁'的疗效更好、副作用更少的抗抑郁药物研制将不再只是梦想。"

（文：柯溢能）

揭开细菌"飞毛腿"的奥秘

1秒钟可以"跑"出自己身长60甚至100倍的距离,这是很多细菌具有的"运动能力",远超地球上跑得最快的动物猎豹,就连高铁也望尘莫及。

自17世纪列文虎克(Leeuwenhoek)第一次观察到能够移动的细菌后,细菌的运动能力及其机制引起了广大科学家的强烈兴趣。细菌是怎么"跑"得这么快的?它用的是什么样的"跑法"?是什么样的"装置"能驱动这么快的运动速度?运动的力量是怎么传递的?一连串的疑问盘绕在科学家们的脑海里,很多微生物学家、生物化学家、生物物理学家也加入这一研究领域,然而很多疑问依然有待解开。

浙江大学生命科学研究院朱永群教授团队与医学院张兴教授团队合作,联合揭示了沙门氏菌鞭毛马达的原子分辨率结构,通过对鞭毛马达扭矩传输机制的剖析,解开了困惑学界几十年的细菌鞭毛马达工作原理难题,揭开了细菌"跑得快"的秘密,为抗生素设计提供了新思路。

这一研究成果刊发在国际顶级期刊《细胞》上,论文通讯作者为朱永群教授和张兴教授,第一作者为博士研究生谭加兴、张兴教授、博士后王小飞和博士研究生徐彩煌。参与合作的还有生命科学学院高海春教授实验室和周艳研究员实验室。

细菌有"绝招"

细菌与人类等其他生物具有漫长的生物共进化过程,这是一场相互之间斗智斗勇、趋利避害的竞争游戏。为了获得丰富的营养物质,"改善伙食",为了避免被人类免疫系统"追杀",或者为了成功找到适宜的生存和感染的位置,细菌进化出了快速"游动"的能力。

细菌这一快速"游动"的能力基于一个特殊的运动器官——鞭毛。鞭毛是从细菌内部长出的又细又长的丝状物,由在细菌膜上的马达、胞外的接头装置和鞭毛丝组成。鞭毛马达旋转并产生动力,通过扭矩传输给接头装置,然后传给鞭毛丝,从而带动鞭毛丝的转动。鞭毛丝如同螺旋桨一样,旋转推动细菌向前移动,如同潜水艇一般。

鞭毛马达是自然界中最复杂的蛋白质机器之一,它能够每秒钟旋转 $300\sim2400$ 圈。由于其高度复杂性,鞭毛马达一直是微生物学、生物化学、生物物理学和结构生物学研究的难点和热点。世界上 70% 的细菌都具有鞭毛,它是细菌的基本器官之一,也是细菌致病的关键"武器"。先前微生物遗传学家和生物化学家对鞭毛马达进行了大量的研究,进行了很多描述,然而对其工作原理依然不太清楚。

"为了解决这一世界难题,我们希望解析它的高分辨率结构。我们碰到的第一个难点就是如何完整地提取鞭毛马达,它太大了!"朱永群说。团队经过大量的尝试,通过遗传改造的方法,改变了传统极易破坏结构的酸碱处理法,设计出温和的纯化步骤,最终获得了来源于沙门氏菌的完整的鞭毛马达与接头装置的复合物样品,与浙江大学冷冻电镜中心主任张兴教授合作,利用 300 千伏冷冻电镜平台,收集了冷冻电镜数据,首次解析了原子分辨率的鞭毛马达结构。

"当我们清晰地看到鞭毛马达的结构后，不得不惊叹于大自然和生命的奇妙。这是一个 6.3 兆道尔顿（MDa）的超大复合物，高约 460 埃，直径约 260 埃，包含了 12 种不同的蛋白质，总共有 175 个亚基。"朱永群说。整体结构非常漂亮而且精密，分别由内膜分泌装置、内膜环、周质环、外膜环和联动杆以及胞外接头装置组成，每一部分之间的相互联系和作用都是非常精妙和恰到好处的，做到了天衣无缝。

脚踏"风火轮"，万里可横行

细菌为什么能"跑"得那么快？科研人员解析的这个鞭毛马达结构清晰地揭示了其中的奥秘。鞭毛马达含有质子泵，通过转运氢离子，带动质子泵的转动，将化学能转变为机械能，继而将扭矩传给鞭毛马达的内膜环，促使内膜环转动。

内膜环的结构非常特殊，它不仅可以旋转和传输扭矩，而且是整个鞭毛马达的"组装底座"。内膜环底部紧紧地卡住分泌装置，促使分泌装置分泌各种鞭毛组装蛋白，然后在分泌装置上逐步地形成联动杆，继而形成细菌胞外的接头装置和鞭毛丝。"组装"好的联动杆是非常致密的螺旋杆状结构，由 5 个蛋白共 46 个亚基组成，其中每个亚基跟周围的亚基相互锁定，保证了整个联动杆的高度刚性，以有利于扭矩传输和高速旋转。联动杆通过下端的 11 个亚基延伸出 6 个小螺旋结构和 5 个 loop 结构（环结构），牢牢地贴在内膜环的内表面上。反过来，内膜环伸出 10 个多肽链紧紧地"抓"住联动杆的中部。这种相互作用方式克服了内膜环的圆盘结构和联动杆的螺旋结构之间的不对称，实现了扭矩传输从水平方向转向垂直方向。多肽链与内膜环通过不规则的结构区连接，同样，连接 6 个小螺旋结构和 5 个 loop 结构与联动杆下端的也是不规则的结构区，这些不规则结构区既保证了柔性，又充当了履带，将扭矩从内膜环传到联动杆上，然后致密的刚性联动杆继续将扭矩从下往上传输。

而周质环和外膜环各由 26 个亚基组成，它们像两个大轴承套在联动杆的上端。外膜环的内表面全带负电，正好与同样全带负电的联动杆上端产生静电互斥，大大地减小了外膜环与联动杆之间的阻力，确保了联动杆的高速旋转。而周质环则围绕联动杆上端，与之形成一个氢键相互作用环。在联动杆上端参与这个氢键相互作用环形成的氨基酸残基全部是固定的谷氨酰胺、谷氨酸、天冬酰胺等残基，而在周质环参与这个氢键环的残基都是不变的赖氨酸和谷氨酰胺等残基，因而在联动杆旋转时，周质环与联动杆上端之间的氢键重建不需要能量的损耗，这个氢键环如同轴承中的钢珠球，既能保证联动杆高速旋转时不跑偏，而且不损耗扭矩传输的能量。联动杆的上端和胞外接头装置通过紧密的管状结构相连，保证了联动杆的扭矩全部传输给接头装置，进而带动鞭毛丝的转动。

正因为这些结构的独特性以及各个结构元件之间相互精妙的配合，鞭毛马达能将质子泵转化而来的机械能毫无损耗地迅速传给鞭毛丝，以保证鞭毛丝高速转动。细菌有了如此非凡的"风火轮"装备，进而得以快速运动。

教科书级别的研究成果

细菌鞭毛是微生物学课本上的基本内容，这项研究终于向人们揭开了其神秘的面纱，对鞭毛马达工作机制的揭示更具有教科书级别的科学意义。一位匿名评审专家说，这是一个里程碑式的结构研究工作。另一位匿名评审专家表示，这是一项杰出的研究工作，它揭示了细菌鞭毛未知部分无与伦比的高分辨率精细结构和鞭毛马达的工作原理。

朱永群说，这项工作是细菌领域的一个重要突破，之前很多关于鞭毛马达的推论现在被证明是不对的。"自然界还有一种分子马达叫ATP合成酶，我们的研究证明鞭毛马达的扭矩传输机制完全不同于ATP合成酶，说明自然界分子马达工作原理的多样性，为我们更好地了解微观世界的分子发动机奠定了基础。"

张兴表示，细菌鞭毛是一个精巧复杂的机器，是自然界分子进化的杰作。这项研究通过对鞭毛马达的结构解析，不仅从原子水平揭示了其工作原理，为纳米机器的研究带来了积极的启发意义，也为研究这个复杂"纳米机器"的起源、进化提供了可靠的结构信息，为生物进化理论带来了新的视角。

（文：柯溢能 吴雅兰）

"闻" 出来的肿瘤

肿瘤是如何产生的？这一直是横亘于科研工作者面前的一个难题。

浙江大学医学院脑科学与脑医学系、良渚实验室研究员，浙江大学医学院附属第二医院（下文简称"浙大二院"）"双聘"教授刘冲团队经过 6 年多的不懈努力，抽丝剥茧，首次通过清晰证据链，证明了嗅觉感知体验和胶质瘤发生之间存在独特的直接联系。

这项成果刊登在国际顶级期刊《自然》上，论文第一作者为浙江大学医学院博士研究生陈鹏祥，通讯作者为刘冲研究员。

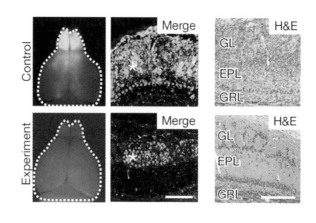

"脑洞大开"，嗅觉刺激诱发胶质瘤产生

令人闻之色变的胶质瘤是最常见的恶性原发性颅内肿瘤，年发病率为 3～8 人/10 万人，从发现疾病到死亡，患者中位生存期仅 15 个月。患者需要接受手术、放化疗、免疫治疗等多模式治疗。目前认为，胶质瘤由先天的遗传高危因素和后天环境中的致癌因素相互作用导致，但是尚未确定环境刺激究竟如何与疾病关联。

在十数年的研究中，刘冲一直在思考：什么因素会诱发胶质瘤的产生？"肿瘤细胞在成长中会与周围的细胞交流、传递信息，而神经元是大脑的基本功能单位，通过神经放电方式来发挥功能，我们聚焦于神经元活动，探究其是否会影响胶质瘤的产生。"刘冲介绍。

揭秘环境刺激与胶质瘤产生的关系，第一个挑战是要构建能够自发生成胶质瘤的实验小鼠模型。因为自发而非移植产生肿瘤，才能真正反映出肿瘤在大脑中形成的过程。面对这一挑战，刘冲实验室耗时数年，构建了模拟人类大脑中胶质瘤产生过程的可靠动物模型。通过严谨的分析，团队发现肿瘤主要自发产生于嗅球的突触小球层，也就是嗅觉环路第一级神经元（嗅觉感受神经元）和第二级神经元（称为僧帽/簇状细胞）的信息交流区域。

"既然嗅觉脑区是胶质瘤的好发部位，那么，嗅觉环路的神经元活动是否会影响胶质瘤的发生？"这个突如其来的"脑洞大开"，成为整个研究的关键。刘冲团队随后对这个猜想进行了进一步验证。

研究团队利用前沿的化学遗传学干预手段，精确抑制小鼠嗅觉感受神经元活动。研究人员发现，抑制嗅觉感受神经元活动后，肿瘤体积显著下降；而激活其活动后，肿瘤体积增加。结果证实，嗅觉环路神经元的兴奋性活动是胶质瘤产生的根源。

为了验证上述结论,研究团队进一步通过精准的物理阻断方式,阻断小鼠单侧嗅觉输入。直接封闭小鼠单侧嗅觉输入后,研究人员发现,封闭侧大脑嗅球中肿瘤的体积缩小,充分证明了嗅觉刺激可以调控胶质瘤发生。"该研究首次通过物理手段干预自发胶质瘤生成,也验证了嗅觉神经环路在胶质瘤生成中的地位。"刘冲说。

追根溯源,一条电波穿起了肿瘤发生

明确了诱发胶质瘤产生的嗅觉神经环路,下一步要做的就是追根溯源,搞清楚背后的机制是什么。

刘冲团队通过深入分析,筛选出生长因子 IGF-1 是潜在的重要效应因子,而嗅球中 IGF-1 主要表达在嗅觉环路第二级神经元僧帽/簇状细胞中。基于上述发现,研究人员构建了一个全新的小鼠模型,可以同时模拟胶质瘤发生和去除僧帽/簇状细胞特异性来源的 IGF-1。结果显示,敲除了僧帽/簇状细胞中的 IGF-1 后,肿瘤体积显著减小。随后,团队在此小鼠肿瘤模型上,同时激活嗅觉感受神经元和阻断 IGF-1 信号通路,发现嗅觉激活导致的促瘤作用被完全消除。这有效证明了,嗅觉活动主要通过 IGF-1 信号通路调控胶质瘤的发生。

刘冲介绍:"在整个胶质瘤发生的环路中,嗅觉环路中的僧帽/簇状细胞受到嗅觉刺激分泌出生长因子 IGF-1,相当于电波发射塔发出了生长信号。而这个信号被肿瘤细胞上的生长因子受体接收,这就好像电波被天线接收,进而传递到肿瘤细胞内,启动细胞恶变和增殖的程序。"

科学研究需要夯实的基础、求真求是的勇气和开拓创新的方向。多年来,在与浙大二院神经外科长期合作的基础上,刘冲实验室一直关注神经系统肿瘤细胞起源、肿瘤演进机制和个性化治疗策略的研

发。这一成果的发表，从全新的角度揭示了外部感觉（嗅觉刺激）可以直接影响胶质瘤发生。

刘冲表示，这一成果为后续进一步探究不同感知觉刺激（例如视觉、听觉、味觉、触觉等）甚至是情绪应激和异常神经功能相关疾病是否也会影响肿瘤发生提供了无限的思考空间。随着社会的快速发展，人类的生活环境发生了巨大的变化，基于此研究的深入探索，可以帮助人们更好地理解肿瘤发生本质这一基本生物学问题，为胶质瘤的预防、早期干预及治疗提供新的方向。

（文：柯溢能）

揭示糖尿病的传代"记忆"机制

成人慢性疾病主要包括代谢性疾病、心血管疾病、精神疾病、肿瘤等，严重影响着人类健康。对这些慢性疾病，过去常用的是对症治疗。例如对糖尿病的治疗，通常是通过胰岛素来控制血糖的升高，缓解糖尿病引起的各种并发症。但如何预防糖尿病的发生一直困扰着科学界和医学界，如何从生命早期找到疾病起源，进行早期干预，已成全球研究的热点。

浙江大学医学院附属妇产科医院黄荷凤院士与中国科学院分子细胞科学卓越创新中心徐国良院士团队合作，找到了糖尿病的代际传播新机制。他们首次揭示了糖尿病的卵母细胞起源，即母体不良环境可以通过卵母细胞影响子代糖代谢功能，并阐明了其表观遗传调控机理。

这项成果在国际顶级期刊《自然》上在线发表。该成果作为发育源性成人疾病研究的重大突破，为人类认识和防控糖尿病等成年慢性疾病提供了新的科学视角。教育部生殖遗传重点实验室和浙江大学医学院附属邵逸夫医院陈宾博士、中国科学院分子细胞科学卓越创新中心杜雅蕊副研究员、复旦大学附属妇产科医院朱虹博士、中国科学院分子细胞科学卓越创新中心孙美玲博士和王超博士为共同第一作者。共同通讯作者为黄荷凤院士和徐国良院士。参加这项研究的单位有浙江大学、复旦大学、中国科学院、上海交通大学、中国科学院大学和英国阿尔斯特大学,浙江大学为论文第一单位。

找到代际传播的"钥匙"

黄荷凤院士是一名妇产科医生,在一次次诊疗后,她常常思考母亲对子代会产生什么样的影响? 为此,她带领团队致力于开展母体不良环境因素导致的子代成人疾病研究,团队发现高糖/高雄激素等不良因素暴露能够通过改变宫内胚胎/胎儿DNA甲基化谱式,或者通过影响精子/卵子表观修饰而引起慢性疾病的代间/代际遗传。结合临床流行病学调查和动物模型的研究成果,黄荷凤院士认为糖尿病和高血压这些成年的慢性疾病都存在发育起源性,因此率先在国际上提出了"配子源性成人疾病"假说。然而该假说一直未得到有效的证明。为了证实这一假说,黄荷凤团队开始关注以下科学问题。

怀孕之前的母体不良环境是否会影响子代健康? 以育龄妇女高发的糖尿病为例,母亲高血糖是否会通过卵母细胞增加子代慢性疾病的风险? 这些问题的阐明将有助于丰富和完善这一假说。

为此,研究团队建立了雌性小鼠糖尿病模型。为了排除高血糖对胚胎和胎儿发育的持续影响,研究者巧妙地将受影响的卵母细胞取出进行体外受精和胚胎移植,由健康雌鼠代为孕育和哺育,对子代进行代谢检测,结果显示子代小鼠显现出糖耐量受损。这些结果说明卵母细胞受到高血糖不良环境的影响,增加了后代成年慢性疾病的易感性,这一发现证实了黄荷凤院士的猜想。

面对这一重大发现,研究团队不禁开始思考到底什么是增加子代糖尿病易感性的"元凶"？浙江大学团队在对高血糖小鼠的卵母细胞进行转录组分析等一系列复杂实验后，找到了一把关键"钥匙"——DNA去甲基化酶TET3(TET methylcytosine dioxygenase 3)，并提出了卵母细胞TET3不足介导子代慢性疾病发生的调控途径。

浙江大学团队与徐国良院士课题组展开深入合作，将证实卵母细胞TET3是将不良环境因素传递给后代的关键因素，作为他们面向基础前沿的又一个崭新起点。此前，徐国良院士课题组曾揭示卵母细胞来源的母源因子TET3主要负责对受精卵中父本基因组DNA中胞嘧啶的甲基进行氧化修饰，从而启动DNA去甲基化，这一前期工作为卵源性跨代效应的深入研究提供了方向。

两个团队合作证实，由于糖尿病雌鼠体内的高糖环境让卵母细胞中具有重编程DNA甲基化谱式功能的TET3蛋白剂量不足，进而使得TET3在受精后进入雄原核中推动重编程的潜能不足，导致去甲基化不足或高甲基化。"这就好比原来有10个农民耕地(TET3介导氧化去甲基化)，现在少了一部分人(TET3不足)，很多地就没有开垦完全(DNA甲基化重编程未完全)，从而影响未来的收成(子代健康受到影响)。"

那么TET3又是通过什么样的机制，增加子代糖尿病易感性的呢？调控胰岛素分泌最重要的蛋白之一是葡萄糖激酶GCK。原来，在生命体从一个受精卵细胞开始复制、分裂的过程中，TET3不足导致包括葡萄糖激酶GCK在内的一系列胰岛素分泌相关基因高甲基化，引发其"潜能开发不足"，这个"潜能不足"的模式一直持续到了子代成年时期。"子代胰岛中GCK等基因的高甲基化和低表达导致了胰岛素分泌不足，降血糖能力下降。随着年龄的增长，便增加了糖尿病的易感性。"陈宾说。

"上医治未病"

这个研究在临床上糖尿病助孕妇女中也得到了证实。在杭州、上海多家医院生殖中心收取的临床糖尿病患者的未成熟卵母细胞和弃用囊胚也分别显示出 TET3 表达降低的趋势和 GCK 启动子区高甲基化的状态,这进一步指明了该研究对于临床的现实意义。

黄荷凤介绍说:该研究成果的创新之处,在于以孕前糖尿病为切入点,对环境作用于卵母细胞诱发子代成年疾病的现象进行了求证,并发现了卵母细胞 TET3 不足介导子代慢性疾病发生的具体调控机制。有趣的是,在高血糖小鼠的卵子与正常精子受精形成的合子中,其 TET3 不足介导的雄原核去甲基化不全影响了精子 DNA 组原有的甲基化重编程模式,包括葡萄糖激酶 GCK 等在内的一系列胰岛素分泌基因启动子代呈现高甲基化状态。此后,这些高甲基化状态以父本高甲基化的形式持续存在于子代的胰岛上,从而导致胰岛素分泌不足,成年小鼠糖耐量受损,特别是子代高脂饮食,更容易诱发糖尿病的发生。

针对这项研究,《自然》同期配发了瑞士弗里德希·米斯科舍生物医学研究所(Friedrich Miescher Institute for Biomedical Research)安托万·H. F. M. 彼得斯(Antoine H. F. M. Peters)的评述:"本研究发现了一种通过雌性生殖系传递子代表型的新机制,证实了高血糖使得卵子中 TET3 双加氧酶的表达异常降低,阻碍了受精后对精子来源 DNA 的氧化去甲基化过程,进而导致了成年后代的代谢受损。"

美国科学院院士玛丽莎·巴托洛梅(Marisa Bartolomei)和美国国家生殖表观基因组学研究中心主任闫威教授在《生殖生物学》(Biology of Reproduction)杂志上为该工作撰写亮点评论:"该研究不仅建立了高血糖症通过卵母细胞对子代表观基因组产生不利影响

与后代易患代谢紊乱之间的联系,还揭示了潜在的机制。之前,这一假设从未得到验证,更不用说调节的分子机制了。"

中国医学传统中素有"上医治未病"的辩证理念。对发育源性成人疾病的研究,揭示了生命早期就可以决定人的健康或者疾病,因此未来对这些疾病的预防要提前到配子发育阶段。"这个研究的结果,为我们对慢性病的源头防控提供了变革性思路,从发育源头、配子发生阶段防控慢性病,为防治出生缺陷、提高我国人口健康水平提供了全新的视角和策略。"黄荷凤说。针对糖尿病、高血压等常常在家族中"聚集发生"的现象,未来也要注意生殖环境所致的传代作用,在关心自身健康的同时,也要保护下一代。

(文:柯溢能)

解析植物生长素的极性运输

生长素是最重要的植物激素,主要合成部位是芽、幼嫩的叶和发育中的种子,通过极性运输分配到植物各处组织,调控生长发育——低浓度生长素促进生长,高浓度生长素抑制生长。生长素的极性运输对生长素的分配至关重要。那么,生长素的极性运输是如何实现的呢?

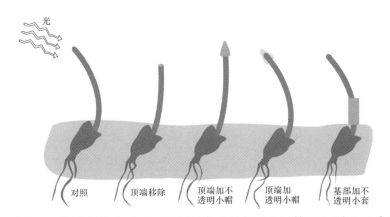

光

| 对照 | 顶端移除 | 顶端加不透明小帽 | 顶端加透明小帽 | 基部加不透明小套 |

浙江大学医学院生物物理系长聘副教授/附属第四医院"双聘"教授郭江涛指导的浙江大学-湖北大学联合研究团队阐明了生长素转运蛋白 PIN 介导生长素极性运输的分子机制。这项研究成果刊登在国

际顶级期刊《自然》上。该成果作为植物生长素极性运输研究的重大突破,解决了植物向性这一百年科学难题中的关键一环,为人们进一步调控生长素极性运输奠定了基础。

生长素及其转运蛋白 PIN 的发现过程

19 世纪末,英国著名生物学家、进化论的奠基人达尔文在研究植物向性运动时,发现植物胚芽鞘的尖端受单侧光刺激后,向下面的伸长区传递了某种"影响",造成伸长区背光面比向光面生长快,胚芽鞘出现向光性弯曲。这就是中学生物教科书上被大家广为熟知的达尔文向光性实验。1928 年,荷兰科学家温特(F. W. Went)证实胚芽鞘弯曲生长是由一类化学物质引起的,并将之命名为生长素(auxin)。1946 年,科学家从高等植物中首次分离出生长素,其主要成分为吲哚乙酸(IAA)。

后续研究发现,生长素不仅与植物的向光性相关,还与植物的向地性(向重力性)、向化性(包括向肥性)等相关。植物受单向的环境刺激而呈现的定向反应统称为向性(tropism)。这种向性主要是由生长素在植物体内极性分配造成的。因此,生长素的极性运输在这一过程中尤为关键。

生长素极性运输主要依赖于三种定位于细胞膜上的转运蛋白:AUX/LAX 家族蛋白、PIN 家族蛋白和 ABCB 家族蛋白,其中生长素外排蛋白 PIN 起最主要的作用。PIN 突变体通常表现出相应组织生长素极性运输缺陷的表型,如向光性、向重力性受损等。然而,由于缺乏结构信息,人们对 PIN 蛋白如何介导生长素外排了解甚少。

PIN 如何识别和转运生长素?

浙江大学研究团队利用单颗粒冷冻电镜技术,解析了拟南芥

PIN3（AtPIN3）在未结合配体（AtPIN3apo）和结合 IAA（AtPIN3IAA）两种状态下的高分辨率结构。通过结构解析发现 AtPIN3 以二聚体形式存在，每个亚基包含 10 个跨膜螺旋（TM1-10），TM1-5 和 TM6-10 组成反向重复结构。AtPIN3apo 与 AtPIN3IAA 结构类似，且均为向内开放状态。AtPIN3 单体由支架结构域（scaffold domain）和转运结构域（transport domain）组成。在 AtPIN3IAA 结构中，IAA 结合在支架结构域和转运结构域之间的内向开放口袋中，与多个保守的氨基酸发生氢键和疏水相互作用。

为了确定 IAA 与 AtPIN3 的结合模式，研究团队建立了体外放射性 3H-IAA 转运体系。相比于野生型 AtPIN3，结合位点突变的 3H-IAA 外排活性显著降低。同时通过表面等离子体共振实验，测定野生型 AtPIN3 与突变体对 IAA 的解离常数（K_d）。实验表明，野生型 AtPIN3 与突变体相比对 IAA 有更高的亲和力。此外，本研究同时结合了分子动力学模拟和结构比较等方法，对 IAA 的结合模式进行多重验证，阐明了 AtPIN3 对 IAA 的识别与转运机制。

NPA 如何抑制生长素极性运输？

除草剂 NPA（N-1-naphthylphthalamic acid）是一种被广泛研究的生长素极性运输抑制剂。NPA 处理的植株几乎跟生长素转运蛋白突变体植株 PIN1 的表型一模一样。长期以来，人们对 NPA 的作用靶点和作用机制一直存在争议。

研究团队进一步解析了 AtPIN3 与抑制剂 NPA 复合物结构（AtPIN3NPA）。研究人员同样通过体外放射性 3H-IAA 转运实验和表面等离子体共振实验验证了 NPA 的结合位点。比较 AtPIN3IAA 和 AtPIN3NPA 发现，抑制剂 NPA 与底物 IAA 的结合位点重叠。因此，NPA为竞争性抑制剂，直接占据了PIN中生长素的结合位点，抑制了转运过程中PIN的潜在构象变化。

基于上述结构和活性分析，研究团队提出了PIN介导生长素转运和NPA抑制生长素极性运输的分子机制。PIN处于内向开放状态时，细胞内的IAA结合在内向开放口袋中，引起PIN二体由内向开放状态向外向开放状态转换，IAA被释放至细胞外。抑制剂NPA结合在底物结合位点，阻碍了IAA的结合，同时抑制转运过程中PIN的潜在构象变化，起到抑制生长素极性运输的效果。

该研究解析了3个AtPIN3高分辨率电镜结构，明确了底物IAA、抑制剂NPA与AtPIN3的结合模式。这项工作不仅阐明了人们长久以来期待的PIN介导生长素转运的分子机制，而且有助于进行作物改良，指导新型PIN抑制剂的开发。这些抑制剂既可作为生长素极性运输机理研究的工具，也可作为农业除草剂，具有广泛的应用前景。

这项研究由浙江大学、湖北大学和天津大学的多个实验室联合完成。浙江大学医学院郭江涛组博士后苏楠楠、杨帆组博士生竺爱琴和湖北大学生命科学学院吴姗组博士生陶鑫为论文的共同第一作者，郭江涛、吴姗和杨帆为共同通讯作者。参与这项工作的还有浙江大学生命科学学院郑绍建教授和丁忠杰研究员、浙江大学冷冻电镜中心常圣海老师、浙江大学农业与生物技术学院郭逸蓉老师和张素芬老师、天津大学生命科学学院叶升教授和湖北大学生命科学学院马立新教授。

（文：宗　河）

研究发现导致慢阻肺的"元凶"及"帮凶"

众所周知,吸烟有害健康。吸烟时短短几分钟在肺部产生的某类损伤物质,可能被肺部一种特殊的记忆性 T 细胞牢牢"记住",并长达几十年。长期吸烟可能导致"慢性阻塞性肺疾病",即一种俗称"慢阻肺"的疾病的发生。

当前,肺部健康更加引起广大民众的关注,尤其是有长期吸烟史的人。在呼吸科门诊,常有人这样问医生:"医生,我没啥不舒服,就是吸烟几十年了,怕肺部有问题,想来拍个片看看。"

确实,长期吸烟是导致慢阻肺发生的首要危险因素。慢阻肺是全球性的公共卫生问题,2018 年由王辰院士牵头、浙江大学医学院附属第二医院呼吸团队作为共同第一作者单位参与的慢阻肺流行病学调查结果在《柳叶刀》(The Lancet)上发表。调查显示,我国慢阻肺患者已经超 1 亿人,约占全世界慢阻肺患者人数的 25%。调查还显示,我国 20 岁及以上成人的慢阻肺患病率为 8.6%,40 岁以上则达 13.7%,60 岁以上人群患病率已超过 27%。

近年来,浙江大学医学院附属第二医院呼吸与危重症医学科沈华浩教授与陈志华教授团队通过基础及临床试验发现并证明慢阻肺的发病新机制，即吸烟诱导产生弹性蛋白多肽，然后被特异性的 T 细胞识别，通过自身免疫机制导致慢阻肺的发生发展。

呼吸领域国际著名期刊《欧洲呼吸杂志》(*European Respiratory Journal*)在线刊登了这项研究。浙江大学医学院附属第二医院 2013 级博士研究生周杰森和 2016 级博士研究生李周杨为论文的共同第一作者，浙江大学医学院附属第二医院呼吸与危重症医学科沈华浩教授、陈志华教授和美国康奈尔大学医学院奥古斯丁·崔（Augustine M. K. Choi）教授为论文的共同通讯作者。清华大学医学院、上海市肺科医院、华中科技大学附属同济医院、麦克马斯特大学、浙江大学医学院免疫学研究所、杭州师范大学附属医院共同参与了这项研究工作。

找到吸烟导致慢阻肺的"元凶"

吸烟如何导致慢阻肺？为什么有的人戒烟后仍继续患慢阻肺？

陈志华一直致力于慢阻肺的发病机制及病理生理研究，而这两个关键问题长期困惑着他，他认为这些重大问题的背后一定隐藏着某一科学机制。近十年来，沈华浩、陈志华的研究团队一直致力于寻找这些问题的答案。基于前期的研究结果，陈志华认为自身免疫过程可能参与了慢阻肺的发生发展，而自身免疫机制或许就是上述问题的关键。

首先，他们通过给小鼠被动吸烟两周联合气道滴注弹性蛋白（短期三天，长期一个月）的方式，模拟与慢阻肺患者急性炎症期及慢性肺气肿相似的症状及病理特征。在两周烟雾期间中和弹性蛋白多肽则有效阻断了后续气道炎症的发生发展。就这样，研究团队第一次通过动物实验证实了弹性蛋白在慢阻肺的发生发展中起着关键性的作用，也就是说，弹性蛋白可能就是吸烟导致慢阻肺的"元凶"。

更有意思的是，在小鼠烟雾暴露两周后，哪怕放置回正常空气中长达六个月（小鼠正常寿命为两年左右，六个月相当于人类寿命的二十年左右），再次气道滴注弹性蛋白还是会引发慢阻肺相关的气道炎症。这就告诉我们，短时间吸烟导致的免疫记忆能长期存在，单纯戒烟而不采取其他干预措施可能导致慢阻肺继续加重。

"因为慢阻肺的发病机制一直不清楚。长期以来，临床上治疗慢阻肺的主要药物是支气管扩张剂联合吸入激素，但是这些药物只能缓解患者的症状，而不能从发病机制上根治慢阻肺。"长期致力于慢阻肺等慢性气道疾病临床诊治与基础研究的沈华浩说，"'擒贼先擒王'，抓住'元凶'，才有可能从根本上解决问题。"

深入挖掘，发现导致慢阻肺的两大"帮凶"

但是，弹性蛋白并不是天生的"坏蛋"，它是我们肺部结构重要的组成成员之一，负责保持肺部的弹性。肺部如果没有弹性就会存在严重的呼吸困难。那么，这么一个"好同志"是如何被"策反"的呢？它是如何加入吸烟这一"黑帮"并成为头号"坏蛋"的呢？

研究团队发现致病的并不是弹性蛋白本身，而是由其分解产生的具有免疫活性的可致病的多肽。那么是谁将"好同志"弹性蛋白变成了"坏蛋"弹性蛋白多肽呢？研究团队通过研究发现了一号"帮凶"——基质金属蛋白酶-12（MMP-12）。MMP-12是一种蛋白水解酶，吸烟能迅速激活MMP-12，从而将完好的弹性蛋白降解成特定的多肽，当可以作为抗原的多肽达到一定的数量时，就可以激活下一步的免疫反应。

那么当弹性蛋白多肽被降解激活后，又是谁帮它"招兵买马"，进一步部署"破坏活动"的呢？陈志华指出，"吸烟及弹性蛋白共同诱导的T细胞反应类型是以Th17为主的"。研究结果证明，在弹性蛋白多肽被释放后，正是 IL-17A 这一"帮凶"帮着"招募"了巨噬细胞、中性粒细胞等参与了整个后续的气道炎症风暴的过程，从而对肺部造成持续性的损害，引起气道黏液的大量产生，最终导致慢阻肺的发生发展。

基于自身免疫机制的新型慢阻肺模型

该研究的另一重大意义是为慢阻肺的基础研究提供了一个全新的动物模型。在此之前，慢阻肺小鼠模型构建方法较多，方法较复杂，难以完全统一，且不同的实验室得出的结论往往存在一定差异，而其中最公认的方法是把小鼠关在特定大小的笼子里，被动吸烟，一周 5 天，每天 2～4 小时不等。该造模方法不仅费时费力，且造出来的小鼠气道炎症轻微，并不能完全模拟临床慢阻肺患者的肺部情况，故而也很难用于临床慢阻肺相关的药物研究。浙江大学医学院附属第二医院呼吸团队构建的香烟烟雾暴露加弹性蛋白模型不仅可以成功模拟慢阻肺患者肺部的病理生理改变，且存在气道炎症明显、造模方法简单、易重复等诸多优点。

"慢阻肺研究之所以滞后，慢阻肺临床治疗之所以缺乏有效药物，其中两个关键的问题就是发病机制不清楚和动物模型不成熟。"陈志华展望未来，"希望我们的研究能让呼吸学界进一步接受慢阻肺是一种与自身免疫机制相关的疾病这个观点，也希望我们以弹性蛋白自免疫为基础的新型动物模型能极大地推进慢阻肺的基础研究。"

"我们初步测试过，目前慢阻肺的临床一线药物在该动物模型中有治疗效果。我们希望该模型可以促进慢阻肺的基础与临床药物研究，真正推动慢阻肺的诊治进展。"沈华浩指出。

（文：柯溢能）

解开男性遗传视神经病变这一30年难解之谜

Leber 遗传性视神经病变（LHON）是一种最常见的母系遗传疾病（女传男不传），通常表现为双眼无痛性的急性视力下降。据估算，我国约有 10 万名 LHON 患者，其中尤以 18～20 岁的男性青年好发。正当韶华，突然失明，往往令患者承受生理和心理的双重压力，家庭饱受其苦。此前，研究表明 LHON 主要由线粒体基因突变导致，但男性比女性好发的现象却是该领域内 30 年的未解之谜。

经过 8 年潜心研究，浙江大学遗传学研究所管敏鑫教授团队首次发现了 X 连锁核修饰基因 PRICKLE3 突变与线粒体基因突变协同作用引发 LHON，解开了男性好发这一公认的未解之谜。

这项研究在国际知名期刊《临床研究杂志》（*Journal of Clinical Investigation*）上发表，浙江大学遗传学研究所博士后俞佳玲、硕士生梁晓阳、研究员冀延春、博士生艾成为共同第一作者，浙江大学遗传学研究所管敏鑫教授和蒋萍萍教授为共同通讯作者。

基因遗传自母亲，男孩更容易发病

1871 年，德国眼科医生西奥多·莱伯（Theodor Leber）首次发现了该疾病,其遗传特征表现为母亲会遗传此病给下一代,而父亲则不遗传。之后一直到 1988 年,美国宾夕法尼亚大学道格拉斯·华莱士(Douglas Wallace)教授研究发现,该疾病主要是由 m. 11778G＞A、m. 14484T＞C、m. 3460G＞A 这三个线粒体基因突变导致能量代谢不足所致。在病患的子女中,男性更容易发病,表现出视力低下的症状。

近年来,研究者们通过分析不同种族人群的外显率,围绕男性好发等特点开展研究,结果显示 X 性染色体连锁的核修饰基因在LHON 的致病机制中起关键作用,这也就意味着由母亲遗传给男孩的 X 染色体上基因使其更容易发病。

细胞"发电厂"在双重打击下影响产能

管敏鑫教授团队对 200 多个汉族 LHON 家系进行了系统性大规模的基因筛查,通过外显子测序技术、生物信息分析和功能验证发现了 X 连锁基因 PRICKLE3。基于系统性功能分析,发现了 PRICKLE3突变影响线粒体 ATP 合成酶的组装、稳定性和功能,从而导致能量代谢异常。PRICKLE3 突变和线粒体基因 11778G＞A 突变协同作用,加重了线粒体能量代谢障碍,从而导致疾病发生。

LHON 主要由线粒体基因突变导致,而线粒体是细胞内重要的"发电厂",源源不断地生产人体所需能量。整个"发电"过程像是"水力发电",先将原料提高,产生势能,进而来到"发电机组",输出能量。此前的研究中线粒体 DNA 发生了突变,影响了势能的提高。

此次发现的 PRICKLE3 影响的是"发电机组"的组装,导致无法高效产生能量。在线粒体基因和核基因的双重打击中,线粒体产生的能量下降更严重,从而导致人更加容易发病。"没有了充足的能量,会影响视网膜的感光功能。"管敏鑫介绍,"视神经细胞将光信号传递给大脑的能力下降,人就看不到了。"

　　科研人员表示,该研究揭示了线粒体突变和 X 连锁核修饰基因突变之间的协同作用导致 LHON 的致病机制,破解了男性好发的未解之谜,为 LHON 的精准诊断、干预和治疗提供了理论依据和技术支撑,也对其他母系遗传眼病及其他疾病的精准干预治疗具有借鉴意义。

（文:柯溢能）

打开大脑"冷静"机制的大门

G蛋白耦联受体(GPCR)是一类具有七次跨膜螺旋结构的膜受体蛋白,几乎参与了所有生理和病理过程。作为重要的药物靶点,目前近40%的药物通过GPCR发挥药效。代谢型γ-氨基丁酸(GABA$_B$)受体是哺乳动物中枢神经系统中最重要的抑制性神经递质受体,参与大脑冷静的调控,其失调导致了包括癫痫、焦虑、抑郁、精神分裂等在内的众多神经和精神疾病。

然而靶向药物的发现困难重重,其主要原因在于候选药物无法精准识别GABA$_B$受体,容易产生脱靶效应,从而达不到预期效果,甚至带来不良副作用。而目前缺少C型GPCR高分辨率的三维结构,给高特异性的药物筛选以及设计带来了巨大的挑战。

浙江大学基础医学院生物物理学系、浙江大学医学院附属邵逸夫医院、教育部脑与脑机融合前沿科学中心以及浙江省免疫与炎症疾病重点实验室张岩研究员课题组和华中科技大学生命科学与技术学院刘剑峰课题组联合在国际知名期刊《细胞研究》(*Cell Research*)上发表封面论文,首次报道了人源全长异源二聚体GABA$_B$受体的多种状态的精细三维空间结构,该发现阐明了GABA$_B$受体的激活机制,揭示了受体正向变构调节剂的新颖结合口袋。该研究成果为基于结构的药物设计提供了解析度最高的模板，为今后靶向 $GABA_B$ 受体的药物研发奠定了重要基础。

浙江大学基础医学院博士后毛春友、浙江大学-华中科技大学联合培养博士生申仓松为共同第一作者，张岩研究员和刘剑峰教授为共同通讯作者。本研究使用的蛋白质样品均在浙江大学医学院蛋白质平台制备，电镜数据在浙江大学冷冻电镜中心收集。

不是一家人，不进一家门

药物信号是如何通过 G 蛋白耦联受体传递的呢？

人体好比一座大厦，细胞就是大厦里面的房间，那么 GPCR 受体就是各类大门，用来沟通信息，G 蛋白三聚体就像幸福的一家人，只有拿到正确的"钥匙"（GPCR 的调节剂）之后，才能走进"家门"，过上丰富多彩的生活。在体内，有很多类似的"门"，细胞通过不同的"门"接受不同的外界信息，发挥不同的作用。

作为人体"总指挥官"的大脑需要保持适当的兴奋度，如果过于兴奋或者低落，就会产生不良后果。那么如何让大脑保持适当兴奋呢？其中 $GABA_B$ 受体这个"门"通过传递重要抑制性神经递质信号，使其与兴奋信号进行有效"中和"，从而使大脑保持适度"冷静"。

浙江大学科研人员通过冷冻电镜技术成功解析 $GABA_B$ 受体在非激活状态和激活状态下复合物的高分辨率结构，发现 $GABA_B$ 受体与其他 GPCR 家族受体以单体形式存在（单扇"门"）不同，它是由两扇"门"组成并且协同发挥作用的。一扇"门"负责接收外界刺激信号，另一扇"门"将外界信号传向细胞内。

张岩带领课题组意外地发现，$GABA_B$ 受体这扇"门"的底部有一个特定的"门洞"。"这样的门洞在一些家庭很常见，方便宠物进出，也方便信件投递。"这个特征，能够让药物一"眼"认准 $GABA_B$ 受体。

大数据加快特定"钥匙"的鉴定

找到了"门"的特征，不知道如何"开门"依旧影响信号的传输。

论文第一作者、医学院博士后毛春友说："这就好比一扇上锁的门，你需要从已有的成千上万把钥匙中找到特定的钥匙去打开这扇门，这个工程量是巨大的，需要耗费大量的时间、金钱进行测试。但是如果我给你展示门锁的锁芯构造，你就能推测出钥匙的形状特征，就不用一一测试了。"

申仓松补充道："非常自豪我们解析的结构的分辨率在国际上首屈一指。科学家可根据高精度的结构设计改造获得高特异性的药物候选分子，也可以通过计算机辅助的虚拟药物筛选获得相关的候选药物。"

科研人员揭示了新颖的 G 蛋白耦联受体激活机制，他们发现左边的"门"接到上游药物信号后，通过右边的"门"传向下游。这一过程就像两个人跳舞，一人倾转带动队友倾转，发生连锁反应。

张岩表示，课题组发现 $GABA_B$ 全新的并且是特异的"门锁"结构，其意义在于未来可通过计算机辅助的方式进行药物筛选，加速药物研发，快速找到特定的"钥匙"。

（文：柯溢能）

打造 “纳米方舟”，为肝癌治疗开辟新战场

肝癌是全球第七常见、死亡率第三高的癌症，而中国更是“肝癌大国”，肝癌发病率及死亡率分别是世界第四及第二，每年因肝癌死亡的人数更是达到了近 33 万，占全球肝癌死亡人数的 42%。由于肝癌发病隐匿，大多数患者被诊断时已处于疾病晚期，失去了手术治疗的机会，包括介入治疗、化疗在内的综合治疗成为大多数晚期肝癌患者的唯一希望。

目前，包括介入治疗、化疗在内的综合治疗存在疗效个体差异大、效果较差、副作用较大、容易产生耐药性等问题，患者实际收益极其有限。近年来，各种新型肝癌治疗手段层出不穷，其中化学动力疗法（CDT）是目前最具有临床应用前景的治疗手段之一。CDT 是指基于芬顿反应，利用无毒的纳米材料分解内源性生物分子过氧化氢，从而产生有毒的自由基杀死肿瘤细胞的新型疗法，具有无毒、肿瘤靶向性强的特点。但由于肿瘤内的过氧化氢浓度很低，单纯化学动力治疗效果仍不太理想。

浙江大学医学院附属第二医院王伟林教授团队和浙江大学高分子系毛峥伟教授团队首次将具有类葡萄糖氧化酶作用的超小金纳米

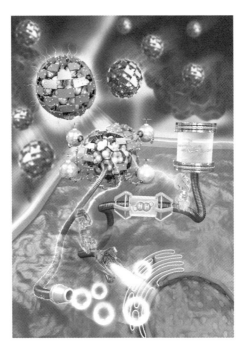

粒子（Au NPs）原位结合在有机金属框架（MOF）上，以用于级联的化学动力/饥饿治疗，有效解决了单纯化学动力治疗效果不佳的难题，大大提升了对肝癌的治疗效果，为先进纳米药物研发提供了新的思路。

这一成果刊登在国际知名期刊《先进科学》上，论文第一作者为浙江大学医学院附属第二医院肝胆胰外科丁元博士，论文通讯作者为浙江大学医学院附属第二医院王伟林教授、严盛教授和浙江大学高分子系毛峥伟教授。

找到"替身"，靶向直达

化疗的弊端在于化疗药物，原因之一就是在复杂的人体环境中，传统化疗药物易受干扰，还未到达肿瘤就提前"引爆"。

肝癌的快速进展需要大量的能量，而这些能量来自肝癌微环境中的葡萄糖。长期以来，科学家们都在利用这一原理，消耗肝癌微环境和细胞内的葡萄糖,通过资源耗竭的方法来抑制和延缓肝癌的进展。通过不懈研究,科学家们找到了一种"肿瘤特警"——葡萄糖氧化酶,这种氧化酶进入肝癌组织后,能够迅速"嗅出"葡萄糖的味道,进而快速消化微环境中的葡萄糖,以杀灭肝癌细胞。这种治疗方法被称为肝癌"饥饿疗法"。

但是葡萄糖氧化酶这名"特警"十分金贵,作为一种人体内常见的蛋白质,其保存条件苛刻,重金属、高温、溶剂、酸碱条件都容易影响其活性甚至导致其失效;进入体内后,血液、组织中存在大量的蛋白酶,可能使其降解失活。

能否找到一种物质取代金贵的葡萄糖氧化酶呢?浙江大学科研人员找到具有类似蛋白酶催化性质的金纳米粒子,这种粒子既能够有效渗透到肝癌组织深处,又可以高效地分解肝癌组织中的葡萄糖,从而通过"饥饿疗法"杀灭肝癌细胞。

装上"护甲",乘风破浪

以前,"饥饿疗法"的效果大多停留在抑制生长和延缓进展上,无法彻底治愈肝癌。那么真正的治本之法是什么呢?

相比于正常细胞,肝癌细胞内会积累更多的过氧化氢。通过催化剂(常见的如铁离子)的作用,过氧化氢能够分解产生有毒的羟基自由基杀死肝癌细胞,这种治疗方法被称为"化学动力疗法"。

传统化疗用的药物是有毒的,在血液循环过程中不是被清除了,就是侵害了健康组织,而化学动力治疗本身是无毒的,只有到特定场所才产生有毒物质,靶向杀死肿瘤细胞。

遗憾的是,肝癌细胞内源过氧化氢含量不足,耗竭后会导致肿瘤细胞再次激增。过去,科学家们也尝试过提供外源的过氧化氢,但肿瘤组织周围"路况"复杂,很难精准"补给"到位。而且过氧化氢是"危化品",很容易在运输途中"泄露",损伤正常组织,导致严重的副作用。

为解决这一关键性问题,科研人员设计了一种含铁的有机金属框架材料(MOF),其表面具有大量孔洞,到达肿瘤部位后会在特殊微环境的作用下快速分解,将铁离子释放出来进行化学动力治疗。同时,为了实现精准施药,科研人员利用 MOF 结构和特定的有机分子保护金纳米粒子,这就像一套"护甲"保护药物,使其只有在肿瘤微环境中才会将金纳米粒子暴露出来,并发挥分解葡萄糖、杀灭肝癌细胞的作用。

这样一来,科研人员将饥饿疗法与化学动力疗法有机结合在了一起。王伟林教授介绍:其实饥饿疗法与化学动力疗法本来就是"天生一对",可以实现级联的化学反应,通过葡萄糖氧化分解,源源不断地产生过氧化氢,为芬顿反应提供"燃料",产生更多的羟基自由基,这种"联袂合作"达到了理想的治疗效果,可谓肝癌治疗的"黄金搭档"。

前沿展望,抗癌药的纳米化或将带来更多希望

研究团队的纳米药物研究将治标与治本有机结合起来,通过制造"纳米方舟",让抗肝癌药物有了一个更好的载体,能够穿越复杂的人体系统直达肝癌病灶。

毛峥伟教授介绍,团队研制的这种纳米药物在体外与体内实验中均被证实具有明显的抗肝癌作用,相比于传统化疗药,该药物的全身毒性大大降低。

纳米药物的研发提高了化疗药物的药物传递效率,也带来了新的治疗手段。毛峥伟认为,纳米技术作为两种经典治疗方法的桥梁,实现了这场抗癌"接力赛"。

浙江大学医学院附属第二医院的科研人员表示，未来纳米药物得到临床应用，将很有可能一次性解决现有化疗药物面临的许多难题。一方面，该药相当于融合了两种抗癌疗法和纳米颗粒的优势，长期存在于肝癌组织中，不仅能直接杀死肝癌细胞，还能抑制肝癌组织中存活细胞的生长，大大提升了肝癌被治愈的可能性；另一方面，纳米材料可以有针对性地只在肝癌组织内发挥作用，不会攻击其他正常组织，尽管具有强大的杀伤作用，但仅会产生轻微的不良反应。

　　更值得注意的是，除了全身化疗外，这种药物还能在介入治疗和手术中发挥作用，通过局部注射，可以对一些早期肝癌和多发转移的肝脏肿瘤进行定点清除。而面对术中才能发现的一些微小、隐匿的病灶，应用该药再配合手术切除，则能最大限度地实现肝癌治愈，降低复发可能。

（文：柯溢能）

找到调节社交行为的黄金"指挥手"

大脑的兴奋性与抑制性就好像一辆汽车的油门和刹车,两者在相互配合、相互制衡中,促进人的正常社交行为的发生。

近年来,浙江大学医学院附属第二医院徐晗教授课题组一直专注于社交行为与社交障碍神经机制的基础研究。课题组揭示了前额叶皮层抑制性神经元在社交行为中的活动规律,并发现了其调控社交行为的神经网络活动机制。这不仅加深了人类对社交行为发生机制的认识,而且为自闭症等神经及精神疾病患者社交障碍的治疗提供了新的思路。

这一研究在线发表在国际知名期刊《科学进展》上。

技术的进步打开研究的视野

人在清醒的时候,有长达 80% 的时间都在从事各种形式的社会交往活动。社交是人的基本需求,对于个人的成长和身心健康都是不可或缺的。然而不幸的是,社交障碍是自闭症、抑郁症、精神分裂症以及社交焦虑症等主要精神疾病的一个高度共有病征,严重影响患者的日常生活和工作。

科学界对影响社交行为的兴奋性神经元开展了良好的研究,但是一直以来对抑制性神经元的作用却知之甚少。这是因为,抑制性神经元的数量相对较少,仅占全部皮层神经元的 10%～20%,而且这些为数不多的抑制性神经元种类繁多。长期以来,缺乏有效的手段在体准确地鉴定特定类型的抑制性神经元并记录它们的活动,也很难对这些神经元的活动进行特异性的操纵。

近年来,得益于抑制性神经元类型特异的转基因小鼠的制备,以及在体多通道记录、光遗传学和药理遗传学等先进实验技术的发展,科研人员才有机会直接记录这些神经元并研究它们在社交行为中的功能。

不同类型的神经元在社交行为中发挥不同的作用

研究中,徐晗课题组对小鼠前额叶皮层中 PV 阳性神经元和 SST 阳性神经元这两大类抑制性神经元开展了深入研究。

研究人员发现,在社交行为发生时,前额叶皮层 PV 阳性神经元动作电位发放率增加并在网络水平产生低频伽马振荡活动。低频伽马振荡能够有效协同前额叶皮层兴奋性神经元的活动,从而有利于促进社交行为的发生。

"PV 阳性神经元好比一个交响乐团的指挥家,指挥不同乐器的演奏者形成一个和谐的整体,演奏出悦耳动听的音乐。"徐晗说。

那么,SST 阳性神经元在社交行为中发挥什么样的作用呢?

在小鼠发生社交行为时,SST 阳性神经元动作电位发放率没有发生显著变化,且抑制这一神经元对社交行为和伽马振荡能量也不会产生影响。但有趣的是,与 PV 阳性神经元一样,当以低频伽马激活 SST 阳性神经元时,也能够增加低频伽马振荡能量并产生促进社交行为的效应。这一发现提示，除了 PV 阳性神经元，SST 阳性神经元也可能作为改善社交障碍的潜在治疗靶点。

找到指挥社交行为中的关键

前额叶皮层抑制性神经元究竟是如何调控社交行为的呢？徐晗认为，网络低频伽马振荡在这里发挥了重要作用。

单个抑制性神经元可以发放动作电位，而数量众多的神经元群体则可以产生一定频率范围的网络振荡活动，其中低频伽马振荡是指 20～50 Hz 的网络振荡活动。在徐晗看来，这个振荡好比交响乐团指挥家的手势，不同乐器的演奏者按照指挥家的手势有规律地弹奏，才能产生美妙的音乐。

研究人员阐明了社交行为发生的一个重要的神经网络活动机制，即增加前额叶皮层低频伽马振荡活动可以促进小鼠的社交能力。因此，调控低频伽马振荡可能作为临床上治疗神经及精神疾病社交障碍的有效干预方式。

课题组成员刘玲、许海峰、汪军、李杰和田园园为该论文共同第一作者，徐晗教授为通讯作者。

（文：柯溢能）

永久性脑缺血的潜在治疗新策略

国际知名细胞生物学杂志《自噬》（*Autophagy*）在线发表了浙江大学药学院陈忠教授、张翔南教授课题组的最新研究成果。他们在研究中首次揭示了 BNIP3L 的泛素化降解是永久性脑缺血过程中线粒体自噬缺失的重要原因，发现通过抑制 BNIP3L 泛素化降解实现线粒体自噬的重启可能是针对永久性脑缺血的潜在治疗新策略，并为将卡非佐米（Carfilzomib）用于缺血性脑损伤的治疗提供重要的实验依据。

缺血性脑卒中又称脑缺血，是一类由血管狭窄或闭塞造成的脑供血不足所引起的神经系统疾病，具有高发病率、高致残率、高致死率及高复发率等特点。

目前，脑缺血最有效的治疗手段是在短时间内疏通堵塞的血管，让脑部血流尽快得到恢复。美国食品药品管理局（FDA）唯一批准用于缺血性脑卒中治疗的药物是一种名为组织纤溶酶原（tPA）的溶栓剂，但 tPA 的治疗时间窗狭窄，只有在脑缺血后很短的时间内给予才能起效，许多患者无法在有效时间内接受治疗，脑血管永久性阻塞，即发生永久性脑缺血。由于脑缺血病理机制十分复杂，对于这部分患者，目前尚缺乏有效的药物干预靶标和治疗药物。

浙江大学药学院陈忠教授、张翔南教授课题组前期研究发现脑缺血后的血管复通，即脑缺血再灌注可激活神经元内的线粒体自噬，机体通过自噬-溶酶体途径选择性地清除损伤的线粒体，从而减轻神经损伤。在这一过程中，线粒体蛋白 BNIP3L 是介导线粒体自噬的关键。然而，研究团队发现，在形成永久性的脑缺血后，这种有保护作用的线粒体自噬始终无法发生；而且，有意思的是，该过程中 BNIP3L 蛋白二聚体的表达发生特异性降低。

　　这两者有着什么联系呢？浙大团队利用 BNIP3L 基因敲除小鼠，CRISPR－Cas9 技术及病毒介导的蛋白过表达等多种手段，发现在永久性脑缺血过程中恢复 BNIP3L 的表达可通过重启线粒体自噬发挥神经保护作用，这提示了 BNIP3L 的丢失是永久性脑缺血中线粒体自噬缺失的重要原因。

　　进一步，课题组发现在永久性脑缺血过程中，BNIP3L 是通过泛素-蛋白酶体途径被降解的，抑制蛋白酶体活性可抑制永久性脑缺血过程中 BNIP3L 的丢失并激活线粒体自噬。基于此，课题组猜测临床上用于治疗多发性骨髓瘤的蛋白酶体抑制剂可用于缺血性脑损伤的治疗。于是，课题组进一步选择了临床上安全性较高的卡非佐米来验证他们的猜想，发现卡非佐米可抑制永久性脑缺血过程中 BNIP3L 的降解，激活线粒体自噬并发挥神经保护作用。

　　张翔南表示，上述发现解释了永久性脑缺血过程中神经元线粒体自噬无法发生的原因，让我们对脑缺血疾病过程中线粒体自噬调控的规律有了新的认识；而且，防止 BNIP3L 降解可能是治疗脑缺血的一种药物干预新策略。课题组继续深入研究，以期进一步揭示 BNIP3L 被降解的机制，并在此基础上寻找更为安全有效的药物干预靶标。

　　该研究受到国家自然科学基金委员会优秀青年科学基金项目与

中央高校基本科研业务费专项资金的资助,该论文第一作者为浙江大学药学院博士生吴晓丽与博士后郑艳榕,通讯作者为浙江大学药学院张翔南教授与陈忠教授。

（文：柯溢能）

"久居兰室而不闻其香"的奥秘

"山寺月中寻桂子,郡亭枕上看潮头。"每年九十月份的杭城,到处都弥漫着桂花的香气。随着时间的推移,大家总会觉得香气越来越淡了。除了桂花自然凋落的客观原因外,其实人的嗅觉适应性也起了很大的作用。正所谓"久居兰室而不闻其香",神经系统对外界刺激的响应会随着时间的延长而减弱。

一直以来,科学界都认为嗅觉适应性是由神经系统中的神经元"麻痹"造成的。浙江大学脑科学与脑医学学院康利军教授团队和段树民院士团队合作,在国际知名期刊《神经元》(Neuron)上发表了研究论文。该研究首次发现外周神经胶质细胞可以直接感受环境气味刺激,并通过 GABA 神经递质实时抑制嗅觉神经元的活性,从而引起嗅觉适应性。这一研究开拓了人们对胶质细胞功能的认知。

论文共同第一作者为浙江大学脑科学与脑医学学院博士研究生段夺、张虎、岳晓敏和范月丹,共同通讯作者为康利军教授和段树民院士。

让气味"归零"

神经胶质细胞是神经系统的重要组分,对于神经元的发育、功能和健康至关重要，其功能异常会直接导致各种神经精神疾病。相对于神经元，神经胶质细胞一般不形成典型的神经突触结构，细胞膜电兴奋性比较低，因此曾经被长期认为是"惰性"的组织，通过对神经元的支持、保护和给养等方式发挥作用。

胶质细胞与神经元如同一对孪生兄弟相伴而生。"按以前的理解，遇到刺激是神经元'冲锋'在最前面，而胶质细胞则比较有惰性，不那么活跃。"康利军介绍。

但这次他们通过实验发现，胶质细胞可以直接感受气味，同时还可以通过感知气味产生嗅觉适应。

异戊醇是一种脂溶性物质，天然以酯的形式存在于草莓、薄荷及朗姆酒等中，可作食用香料，也是制作香水的原料，当浓度低时芳香四溢，而浓度过高时则会发出臭味。康利军和段树民合作团队通过高浓度的异戊醇对模式生物秀丽隐杆线虫的头部化感器进行刺激，发现嗅觉神经元和胶质细胞的钙离子都升高了，而且都可以独立感受到这个气味。

与此同时，科研人员通过一系列的实验发现，胶质细胞在感受到外界刺激后，还会释放出具有抑制性的 GABA 神经递质，进而控制神经元，使其对气味的敏锐度降低。"胶质细胞的这个主动作为，让神经元对重复性或持续性刺激变得反应迟钝，产生了环境适应性。"康利军说，这就好像一个电子归零器，虽然已经有了刺激的信息，但都被削弱了，进而减缓甚至不产生对刺激的响应，"表现为虽然有气味，但是闻不出来了"。

有助于研究神经精神疾病发生机理与相关药物开发

神经细胞的特征在于要张弛有度，如果始终处于激活的过度兴奋状态,也不利于神经元功能的维持,因此信息的"归零"显得尤为必要。康利军表示,对胶质细胞功能的新认知,为未来通过胶质细胞调控神经元和神经功能开拓了新思路。例如,对于阿尔茨海默病等产生的嗅觉退化和感觉功能障碍,就可以开拓新的药物分子靶标。

这项研究揭示了神经胶质细胞在感觉生成调控中的主动、实时的作用,并从分子和环路水平揭示了嗅觉适应性的产生机制,为充分阐明神经胶质细胞的生理功能和感觉适应性的生成机制奠定了科学基础,提示了神经胶质细胞及其相关分子在神经精神疾病发生与相关药物开发中的潜在意义。

该研究得到了浙江大学徐素宏教授、王志萍教授,中国科技大学温泉教授,澳大利亚蒙纳士大学刘杰教授等团队的支持。该研究主要得到国家自然科学基金、国家重点研发项目、中国博士后科学基金、中国博士后创新人才支持计划、广东省科技计划项目和中央高校基本科研业务费等项目的资助。

（文：柯溢能）

设计药物"运载火箭"，治疗急性肾损伤

急性肾损伤是一种由多种侵袭因素（如内毒素等）造成肾功能在短期内急性减退的临床综合征，其发病迅猛，死亡率高。大型手术、出血、严重烧伤等是主要的原因。目前针对急性肾损伤的治疗仍以早期液体复苏或肾脏替代治疗等干预为主，缺乏有效的药物治疗手段。急性肾损伤的肾脏线粒体靶向抗氧化治疗仍然是一个挑战。

经过近两年的攻关，浙江大学药学院杜永忠教授课题组设计出一款精准"带货"、有效释放、高浓度分布、长期滞留的急性肾损伤靶向治疗药物，为临床转化奠定了重要基础。

这项研究成果刊发在国际知名期刊《科学进展》上，并被《自然综述肾脏病学分册》（*Nature Reviews Nephrology*）重点关注。论文的第一作者为浙江大学药学院药物制剂研究所博士生刘迪，共同通讯作者为浙江大学药学院药物制剂研究所杜永忠教授，浙江大学医学院附属第一医院临床药学部姜赛平主任药师和浙大城市学院医学院楼雪芳助理研究员。

无药可救的连锁损伤

肾小管上皮细胞是急性肾损伤最为重要的受损靶细胞。研究表

明,急性肾损伤发生时,肾小管上皮细胞中活性氧会异常升高,引发线粒体损伤,进而导致细胞凋亡,在一系列的连锁反应中导致肾功能损伤。

为什么鲜有药物能够抑制这一损伤过程呢?

这是因为传统的抗氧化治疗不能精准抵达肾小管上皮细胞,即便到达,因为肾脏作为人体重要的排泄器官,药物会被很快排出,无法形成高浓度覆盖,进而保护受损的线粒体,阻止连锁破坏。

为此,杜永忠课题组通过长期开展的前药研究,试图为治疗急性肾损伤提出新方案。

药物"运载火箭",使命必达

杜永忠课题组创新地设计了一个药物"运载火箭",将能够抑制肾小管上皮细胞线粒体发生氧化反应的抗氧化剂 SS31 药物精准送达,产生效用。SS31 是治疗老年性的线粒体疾病、心肌梗死的临床试验中的新药,其在肾小管上皮细胞中能够高浓度停留,通过保护线粒体遏制细胞凋亡。

万事俱备,就等着"东风"把这个药物送到急性肾损伤部位。

"我们设计了由两级推进系统和有效载荷组成的'运载火箭',来实现运输功能。"杜永忠介绍的这个新型结构,第一级"火箭"利用正电性的低分子量壳聚糖将药物靶向到肾脏,第二级"火箭"通过丝氨酸与急性肾损伤肾小管过表达的肾损伤分子-1(Kim-1)的相互作用靶向到肾小管上皮细胞。

只是将"卫星"中的 SS31 药物运到肾小管,治疗效果还是不佳,只有实现"星箭分离",才能形成有效的给药系统。"'运载火箭'到达肾小管后,会与遍布其中的活性氧发生反应,进而释放 SS31 药物,实现'星箭分离'。"

　　杜永忠介绍,这一药物运输模式,相比 SS31 原药,在肾脏中的分布提高了 3 倍,显著改善了治疗效果,减轻了损伤肾脏的氧化应激、炎症和细胞凋亡,是急性肾损伤治疗中一种有效的给药系统。"这种精确的分步靶向给药策略(器官—组织—细胞—细胞器)也可用于其他肾脏疾病的药物设计。"

　　　　　　　　　　　　　　　　　　　　　(文:柯溢能)

绘制生命"暗物质"的"星空图"

由线粒体、溶酶体、内质网等多种细胞器组成的细胞内膜系统,高效支撑了机体的正常生理活动。细胞中独特的核酸、蛋白、代谢物质等生物分子组分,支撑着各细胞器的独特生化反应及生理功能。在人类基因组所转录的总 RNA 中,非编码 RNA 所占比例高达 98%,其在细胞中广泛存在,功能大量未知,堪称生命的"暗物质"。

如果把细胞比作浩瀚宇宙,那么细胞器就是宇宙星空中的繁星点点。如果要解开细胞器在重要细胞活动规律中的深邃奥秘,就需要深入解析细胞器的组分构成及其作用模式。其中,生命"暗物质"长链非编码核糖核酸(lncRNA, long non-coding RNA)对细胞稳态和疾病发生发挥着重要的调控作用,关于其作为细胞器组分的分布规律并参与细胞调控的研究尚少。

浙江大学生命科学学院林爱福研究员课题组通过创建细胞器免疫亲和纯化体系,绘制了细胞器 lncRNA 图谱,并从中揭示了线粒体细胞器 lncRNA 在帮助细胞应对能源匮乏条件,介导柠檬酸循环(TCA cycle)代谢区室解离中的重要调控作用,为研究人类疾病发生机理提供了崭新的视角。

这项研究成果刊发在国际知名期刊《自然·代谢》(*Nature Metabolism*)上,论文第一作者为浙江大学生命科学学院博士研究生桑凌杰、杨作臻及中山大学肿瘤防治中心鞠怀强副研究员。浙江大学生命科学学院林爱福研究员为该论文的通讯作者。

探明微观宇宙"星体"坐标图的显微体系

为什么多年来一直难以系统地对各类 lncRNA 清晰定位?这是因为传统的生物学通过密度梯度离心等方法进行组分分离,分辨率有限。由于各有膜细胞器及其他无膜细胞器等组分的沉降系数范围交叠,易产生不同细胞器组分间的互相干扰,难以达到特定细胞器 RNA 组分的精确检测分辨率。

探索宇宙星体的奥秘,需要测绘和把握天体系统的精准分布,再逐级锁定目标对其组成表征等进行研判。

如何探明星体的精确坐标定位?林爱福研究团队另辟蹊径,开发了基于免疫亲和纯化的细胞器纯化方案,将抗体免疫亲和纯化蛋白的方法应用到纯化细胞器,通过抗体特异性抓取细胞器表面标志蛋白,在细胞匀浆液中将完整细胞器连带提取。将基于该免疫亲和纯化方案提取的各精准细胞器进行 RNA 提取及高通量 RNA 测序分析,林爱福研究团队绘制了细胞器 lncRNA 图谱,发现细胞器 lncRNA 约占总 lncRNA 的 5.2%,并揭示了其潜在参与所在细胞器相关功能的调控。

这个图谱为细胞器定位 lncRNA 的鉴定及研究提供了重要的线索及资源。"这就好像我们解密宇宙,仰望星空,先把各类星座坐标分类,然后逐级聚焦,进一步对感兴趣的星体进行深入探索。"桑凌杰介绍。

浙江大学求是特聘教授、细胞器生物学专家刘伟教授评价道，这项工作提供了细胞器 RNA 系统鉴定的新技术，有效规避了细胞器间交叉污染及无膜亚细胞结构的串扰，充分保留了细胞器内部及表面的原生状态，为未来细胞器 RNA 研究提供了崭新的视角。

线粒体"星体"里的奇妙世界

线粒体作为细胞的能量代谢中心，是细胞生长代谢所需能源的"发电厂"，而线粒体中的柠檬酸循环是其中的"重要发电机组"。过去，科学家们便已认识到柠檬酸循环由一个个节点组成，柠檬酸循环各产物从上游依次传递到下游，代谢物质在各个反应节点快速穿梭，伴随着产生大量 NADH（还原型辅酶Ⅰ）等能源物质。然而柠檬酸循环动态调控的分子机理尚待精确解析。

林爱福研究团队发现，线粒体中柠檬酸循环第一步代谢酶柠檬酸合酶（CS）与最后一步代谢酶苹果酸脱氢酶（MDH2）像项链一样扣在一起，CS 与 MDH2 靠拢聚集形成代谢区室，促进了柠檬酸循环的可持续进行。

而线粒体 lncRNA GAS5 就像自然造物之"手"，在细胞面对能量物质匮乏时，进入并富集于线粒体，缓缓打开了代谢循环节点 MDH2-CS 的扣环，继而抑制了线粒体的"发电"功能。"线粒体 GAS5 传递了细胞养料匮乏的信号，它的功能就像一个刹车，及时制止了无序的燃料发电过程。"桑凌杰说。

新的肿瘤报警器

肿瘤是威胁人类生命健康的重大疾病之一，肿瘤细胞的恶性增殖需要大量的生物物质能量供给，因此代谢重排是肿瘤进展的重要驱动因子。线粒体代谢为细胞提供了大量生物合成所需的碳架及能量,对肿瘤发生发展具有重要作用。因此,对肿瘤中线粒体代谢关键节点的研究将为肿瘤的诊断治疗提供新的靶点和策略。

通过肿瘤细胞实验、体内移植瘤实验、临床大样本分析,林爱福研究团队发现GAS5在乳腺癌组织中特异性低表达,而线粒体相关节点代谢酶在肿瘤组织中则特异性高表达。这印证了线粒体"发电厂"对肿瘤增殖的重要作用及GAS5扮演的抑癌角色。

过表达GAS5显著抑制肿瘤中线粒体能量代谢节点的紧密"环扣"及肿瘤增殖,证实了线粒体柠檬酸循环对肿瘤发生发展的重要支持作用。杨作臻介绍:"针对GAS5或可开发肿瘤的'警报器',指示肿瘤的发生发展,为肿瘤临床诊断提供新的潜在分子靶标。"

(文:柯溢能)

与四川兄弟超一万年未谋面？揭开熊猫秦岭亚种的基因组奥秘

浙江大学联合深圳华大生命科学研究院、中国大熊猫保护研究中心等单位,发布大熊猫高质量基因组研究成果,首次揭示熊猫秦岭亚种基因组,并结合群体数据对大熊猫独特的生物学特征进行了分析,相关成果将对熊猫的繁育、管理和保护工程起到积极作用。

这一研究成果发布在知名期刊《科学通报》(*Science Bulletin*)上。论文的第一作者为浙江大学生命科学学院博士研究生光宣敏,通讯作者为浙江大学生命科学学院方盛国教授和深圳华大生命科学研究院刘欢研究员等。

解密熊猫亚种分化时间——熊猫的两个亚种兄弟已有一万年未曾谋面

谈起大熊猫,人们就会想到它们的故乡在四川。其实早在2005年,方盛国便对大熊猫进行了分类研究,在已有的四川亚种基础上,首次科学地提出并命名了大熊猫的秦岭亚种。

这两个亚种分布在四川、陕西和甘肃三省交界的高山峡谷地区。

直观地看,四川亚种头大嘴尖,长得像熊;秦岭亚种头圆嘴短,长得像猫。

除此之外,这次运用的第三代基因组测序技术较过去得到了更加清晰的基因像素图片。"这次基因组片段的连续性提高了 200 倍,让熊猫的基因组成细节更加清楚。"方盛国介绍。

在研究中,团队通过对遗传变异等的综合评估研究,明确界定了两个熊猫亚种开始分化的时间,即距今 1.2 万到 1 万年。也就是说大熊猫的两个亚种兄弟已有 1 万余年未曾谋面。

诞生于 800 万年前的熊猫,经历了地球的沧桑巨变。在距今 2.4 万年到 1 万年的两次大冰川时期,北方的熊猫灭绝,只留下了秦岭中部的一个小种群和四川相岭的一个小种群。科研人员通过对四川亚种和秦岭亚种的基因组分析发现,此次分化后的秦岭亚种熊猫再也没有跨出黄河流域,在遗传变异方面显得非常保守,近万年来没有大的变化;而四川亚种的遗传变异性就相对较大,遗传多样性较为丰富,更加适应野外生存。

"对熊猫分化的'寻根问祖',既有助于清晰了解熊猫家族的发展历程,又可为生物地理和气候变化等领域的研究提供重要的借鉴参考。"方盛国介绍,秦岭亚种是大熊猫这个古老物种的祖脉,是当代大熊猫的原始种群。

内脏器官适应性变小——更加憨态可掬

大熊猫走路不紧不慢,常常坐地吃竹子,形象憨态可掬。其实,这也是长期适应性进化的结果——最大限度地降低身体的能量代谢消耗。

熊猫原本是肉食动物,后来变成以竹子为食。为了应对食性的巨大改变,熊猫进化出了相对较小的内脏器官,以适应减少新陈代谢。本次研究中,科研人员在基因分析中找到了进化的奥秘。他们发现大熊猫 Hippo 信号通路上基因快速进化,一些调控元件上存在特异性突变。

有着近 30 年熊猫研究经验的方盛国介绍,竹子的营养毕竟是有限的,因此人们常常看到大熊猫需要不断地吃竹子才能补充养分,通常熊猫每天有 14 个小时以上的时间在啃食竹子。

这项研究的难度不在于对数据的宏观分析,而在于通过长久的研究不断积累、发现科学问题,进而靶向到基因,找到问题的症结。

繁殖关键基因丢失——为精准保护提供新思路

影响一个物种长期生存的关键因素是生殖能力与免疫能力。在对大量数据的研究中,研究团队通过比较基因组学的分析发现,大熊猫生殖系统中的关键基因存在丢失的情况。

研究团队发现两个亚种大熊猫基因组上的 DACH2 基因调控元件特异性丢失,并在 SYT6 基因上发现特异性位点突变。已有的研究证明前者与生殖系统中米勒管的发育有关,突变会引起卵巢功能早衰并影响繁育,而后者则与精子的形成紧密相关。科研人员认为,这些变化可能是大熊猫繁殖力比其他哺乳动物低的重要原因。

通过对四川和秦岭两个亚种的对比发现,四川亚种在影响受精的 IQCD 基因上受到强烈的正选择作用,由此可知四川亚种的繁殖力比秦岭亚种高。

如何让大熊猫更好地繁衍? 方盛国认为此项研究结果提示大家需要在人工饲养繁殖和野外就地保护繁育两个方面开展精准的遗传管理工作。

方盛国建议要加快同一亚种内大熊猫破碎化小种群之间的基因交流,这有助于减少近亲繁殖和遗传衰退问题。"秦岭亚种栖息地受到人类活动的影响,变得四分五裂",他认为,要恢复它们的栖息地,加快秦岭山系内部小种群之间的交流。

但同时必须看到,在加强栖息地保护时,要阻断两个亚种的接触。"如果没有到极端的保种情况,就应尽量避免两个亚种间的交配繁殖,否则产生的子代个体的繁殖力可能会被削弱,这对四川亚种种群来说是极为不利的。"方盛国表示,保护濒危动物的最终目的还是要让它们适应野外生存。如果不注重基因的保护,人为打乱原有的野外种群关系,可能会因遗传多样性的丧失而使物种走向衰退。

（文:柯溢能）